搖滾吧！環遊世界

Hana meng

World Map

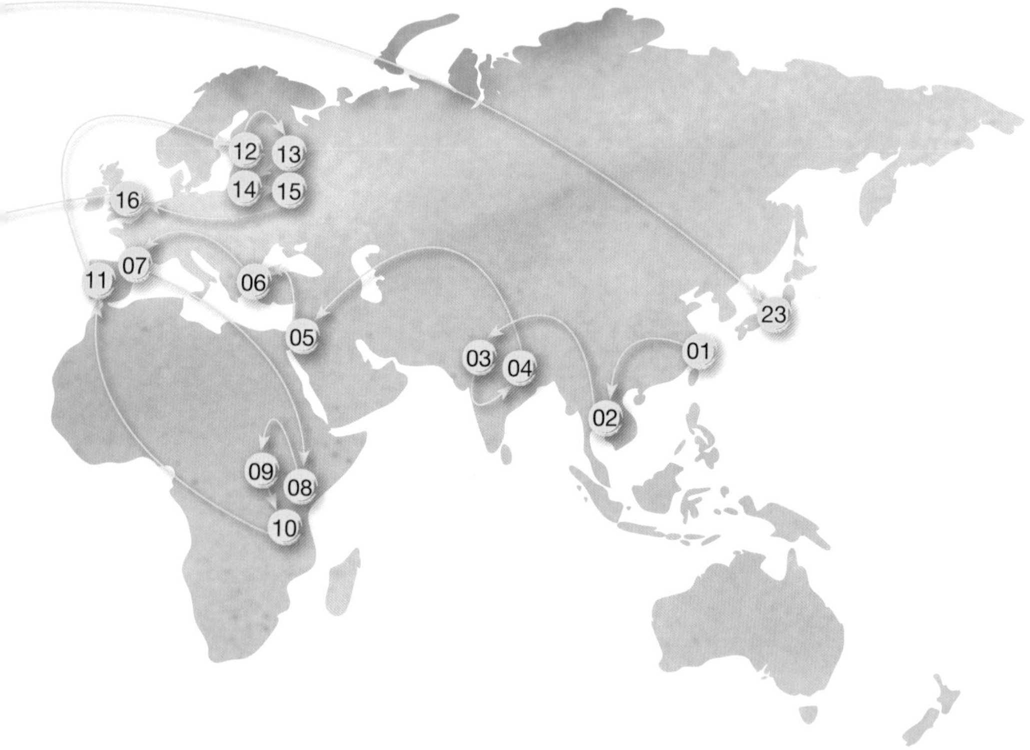

13.愛沙尼亞（塔林）

14.拉脫維亞（里加）

15.立陶宛（維爾紐斯）

16.英國（倫敦）

17.巴西（巴西利亞）

18.智利（聖地牙哥）

19.復活島

20.祕魯（利馬）

21.墨西哥（墨西哥城）

22.美國（芝加哥）

23.日本（東京）

Hance And Mengo's

01.台灣（台北）	05.約旦（安曼）	09.烏干達（坎帕拉）
02.泰國（曼谷）	06.土耳其（伊斯坦堡）	10.坦尚尼亞（杜篤瑪）
03.印度（新德里）	07.西班牙（馬德里）	11.葡萄牙（里斯本）
04.尼泊爾（博卡拉）	08.肯亞（奈洛比）	12.芬蘭（赫爾辛基）

推薦序／

越旅行越裡面

M&H跟我認識了超過十二年，當他們跟我說要去全世界度蜜「年」的時候，還以為多聽了好幾個月，沒想到一去就是三年，無論三大洋或是五大洲全部完勝，這麼Rocker的事情也只有M&H做得到！這整整三年間跟著粉絲專頁「Rock'n Round The World搖到外國瞧」，每天的心情隨著他們學習泰拳、醉倒葡萄牙、肯亞追獅子、巴西踢足球而上下起伏不定。

沒有辦法在短時間去環遊世界的人們，拿起這本書吧！從第一夜讀到最後一夜，超過一千零一夜的精彩，《搖滾吧！環遊世界》，絕對是您認識這個地球的第一本溫暖鉅作，跟著M&H，越旅行越裡面。

雄獅旅遊專屬達人領隊、《欣旅遊》雜誌專欄作家

小布希

粉絲專頁「跟布希一起一個人的旅行」

推薦序／

喚醒夢想的搖滾勇氣

記得多年前，H曾經問過我：如果你有一筆存款，你會拿來買車還是環遊世界呢？問題不難回答，但夢想，終究只能放在想像，於是我買了車、找了工作，繼續過著一般人的人生，直到H將這本書遞到我面前……天啊！這兩人瘋了嗎？二十幾歲就丟下工作，還去環遊世界？有沒有思考過人生規劃啊？

我……真的……真的是…………好羨慕啊！！！！！

啊！！！！！！！

……抱歉，請原諒我情緒起伏那麼大，只是，在我終日埋首於錄影，忘記夢想的時候，他們卻已經豪邁的在夢想清單上，打上一個滿足的勾。我很羨慕這樣瘋狂的勇氣。

世界那麼大，隨著文字，我才有機會跟著他們的腳步，翻過那段日子的冒險。並想著有天……我也該試著搖滾一次吧！

期待他們能繼續帶給大家勇氣，進行下一次的Rock'n Round The World！

《瘋神無雙》製作人

小捏

推薦序／

驚人的夢想實踐家

會認識Hance及Mengo，是因為太太的關係，他們是高中很要好的朋友，從還不認識就時常聽說有關這兩位的奇聞軼事。他們從學生時期就常常訂立一些天馬行空的目標，本來大家都不以為然，但Hance跟Mengo總是默默實現，演舞台劇、當街頭藝人，在那個鐵馬尚未很夯的年代騎著腳踏車環台灣……漸漸地，無論目標聽起來有多麼荒唐，但只要是從Hance跟Mengo的口中說出來，大家的心底深處都知道他們一定會達成。

愛情長跑多年後，兩人決定攜手步入禮堂，從此過著幸福安逸的生活……怎麼可能！這對妙夫妻居然決定背起（超大）背包，給我環遊世界去了！

Hance雖然有很多古靈精怪的想法，但出國經驗近趨為零，英文也不太輪轉；而Mengo也沒好到哪裡去，那粗枝大葉又少根筋的行徑，讓朋友都很擔心他們倆一路上旅遊的安危。但顯然我們的擔心是多餘的，如今他們不但安然歸來，還出了書呢！真不知道他們接下來還要訂立什麼驚天的目標……

旅行的方式千百種，放下一切勇敢的扛起背包又有幾個人敢這樣做呢？（我是不敢，所以我從書中體會……）我想在某種層面上，這應該也算是一種奢華的蜜月旅行吧！

力麗觀光開發集團董事長

郭濟綱

郭濟綱

推薦序／

關於旅行這件事

在年輕的時候能夠勇敢的離開家出走環遊世界
身邊的旅伴剛剛好是一輩子的摯愛
這樣的故事
不一定浪漫卻很可愛

新生代詞曲創作人　**小路**

沒有人會嘲笑你的夢想，就看你敢不敢去實現。下一步沒有範例的感覺，這世界就是你說了算。讀著Hance與Mengo兩人如何化危機為轉機後，我們可是花了天大力氣才克制住自己也想像他們一樣說走就走的衝動啊！

第26屆金曲獎最佳演唱組合　**慢慢說樂團**

換一個地方睡覺是很重要的事。我是指旅行這件事。你會默默地被這世界各種風格與文化完全包容著，卸下各種因我轉動的自我放大感。換一個地方睡覺很重要，換更多地方睡覺更幸福。

澆花系創作彈唱歌手　**PiA吳蓓雅**

前言／

普普通通的你和我

這世界上分成兩種人，溫拿和魯蛇。

以現今社會的標準看來，很幸運的，我站在人多的這一邊。

生在普普通通的家庭，住在天龍國旁普普通通的郊區，學生成績普普通通的及格，考上一間普普通通的私立大學，畢業後當然也順利領到了普普通通的二十二K，我多才多藝，但也跟普普通通的人一樣，那頭熱熄滅了，下次有空再聯絡吧……，唯一留下來的好像就剩那張嘴，我所謂的搖滾精神。

老實說環遊世界一直都不是我的夢想，只是當兵時有一天蹦出來的靈感：「既然這麼壓抑的部隊環境都過得下去了，為什麼會害怕去廣闊的世界看一看呢？」

上面兩句是假的，我就是突然想要環遊世界了。既然不是「夢想」，那可以達成的機率就高得多，至少我們的搖滾精神是這樣講的。環遊世界不是我的夢想，只是想做的一件事罷了。

就這樣，我們開始了環球世界之旅。

屁啦！哪有可能啦！就這樣，我開始了存錢之旅，衣服有能穿的就不買新的，聚餐能躲的就躲，宅在家打免費的線上遊戲裝忙，真有非去不可的場合，都會拜託朋友們選擇便宜一點的餐廳……我們就跟一天到晚從你身邊路過的普通人一樣，是個普通再不過的普通人。

五年的時間，一千八百多個日子，終於讓我存到了五十萬，「蛤？才五十萬？」我身邊的人跟你發出一樣的困惑，但網路上的大神們都說沒問題啊！不管了，我們要出發了，ROCK！

開始想環遊世界，開始想怎麼說服Mengo結伴，開始想存錢，開始想更多更多……說真的，我們寫這本書的目的，不在於讓你也去環遊世界，也不會讓你變得超級搖滾，只是想跟你說一件事罷了。

「夢想夠多了，你需要的其實是勇氣。」

希望這是一本能帶來勇氣的書。

2016

前言／
再見會有期

環遊世界？

老實說，一開始還真沒想過。

想起在大四的時候，和當時的男友——也就是現在的老公H，在單車環島還沒那麼流行的時候，一起完成了單車環島旅行。那天一早，從旭海出發，騎在前往墾丁的路上，太陽高掛，迎面而來的海風吹在臉上，鹹鹹黏黏的卻格外清爽，我們邊騎邊大聲唱著歌，彷彿整個世界都是我們的。

H得意地喊了一句：「都環過島了，下次要做什麼呢？」

「不如環遊世界好了！」天生極度樂觀，什麼事情都想不多的我直接搭腔，環遊世界這四個字被放進了腦袋裡的某一個角落，靜靜地躺著。

大四一畢業，因為好友的邀請，一起報名了YMCA在美國的營隊暑期打工體驗。我被分配到位於紐澤西的一間專為特殊需求者舉辦的營隊工作，負責照顧特殊需求的兒童們生活起居，帶領遊戲，體驗一個完全不同的暑假。短短的三個月裡，我交了一群來自世界各地、和我年齡相仿的好朋友們！三個月的朝夕相處，一起工作一起玩耍，交換彼此不同的生活經驗和文化，我們都沒想過能和距離這麼遙遠的人生活在一起，能有如此緊密的連結。

暑期即將結束的某一天，大家帶著被子，躺在海邊，聊了一整個晚上，深怕還有想說的話之後來不及當面說一樣！

「會不會這輩子我們就不會再見面了啊？」祕魯女孩潔琪突然冒出了這麼可怕的一句話。

「不然，等我們賺了錢，相約幾年後在這裡再見面，然後再一起去逛outlet好了，哈哈。」巴西女孩露易莎接話，大家回應了幾句，慢慢地都安靜了。

吸著冷冷的空氣，我看著天空從靛藍色慢慢轉淡，隱隱透出一絲橘色的光，我不知道哪裡來的自信，胸有成竹地說出了這句話：

「我們一定會再見面的！」

這一年的環球之旅，我們找到了其中的五個朋友，住進了兩個朋友家，再次見面的時候，我們緊緊擁抱，眼眶都溼了。

我得意地說：「看吧！我說過我會來找你的！」

是朋友們讓這環球的一年變得豐富又溫暖，讓我們能更深入了解彼此，延續這得來不易的友情，更要感謝他們在我們停留時如家人般地照顧和款待，對於手頭不寬裕的我們來說，真的是得到太多太多了！這些好，我們會好好地收藏起來，永遠不會忘記。更開心的是，這一次我們都變得更勇敢了，再次離別的時候，我們笑著擁抱對方，換他們告訴我：「你都環遊世界了，所以沒有什麼不可能的，我們會再見面的，無論在哪裡，對吧！」

Contents

目次

CHAPTER 3 最熱情的古銅色——南美洲

CHAPTER 4 真心，多謝款待——中美洲×北美洲

後記

CHAPTER 1

旅行菜鳥的衝擊

亞洲

搖到外國瞧

雖然破梗，還是好感謝前來送機的姊妹們！

這可能是這輩子第一次這麼期待鬧鐘響起，我們兩個幾乎同一時間地彈了起來，互看了一秒，還是忍不住興奮地笑了出來。

—H

存錢的難度比較高？還是辭掉工作的勇氣比較大？說穿了不就是少買很多件衣服和玩具，然後丟出一張辭職信，上面帥氣地寫著離職的理由：「我要去環遊世界啦！」

老實說這種電視劇裡才會出現的橋段，這輩子可能沒有第二次了，但後面沒有編劇寫好的劇本，帥氣的鏡頭不過就是個瞬間，亢奮的心情只延續到家門口，原來上班時間躺在沙發上發呆的感覺那麼令人緊張。自己把飯碗砸了事小，下一步沒有範例的感覺才是擔心的來源，沒有天才的想法，沒有過人的成就，沒有特別的才藝，也沒有驚人的意志力，而且還把M拖下水了……，如果硬要說出一個促成環球之旅的優勢，大概就是那張夠厚的臉皮吧！到處跟朋友放著其實自己也沒什麼把握的大話，一個朋友笑一笑，兩個朋友笑一笑，第三個朋友開始做出驚訝的表情，最後親朋好友的電話簡訊都來了，這種被拍手、叫名字拱上台的動力，才真的是無所匹敵。

二〇一二年十一月九日的凌晨一點鐘，終於把行李打包好，很青春地拍照上傳臉書後準備休息，但我們忘記把緊張和亢奮這兩個小壞壞塞進背包了。自從萌生環遊世界的想法開始，沒有一天不期待現在這一刻的到來，心裡一遍又一遍反覆想著安排好的國家拜訪順序，希望能平撫一下躁動的情緒，但腦海裡不斷地浮現出朋友們不看好、潑冷水的畫面和對話，一不小心又得意地偷笑出來，在黑暗的房間裡眼睛睜得大大的，四周的家具擺設意外清楚，想著一百萬種在國外可能發生的事情。看一下手錶，糟糕！已經要三點了，離起床時間只剩三個小時。

§

「鈴鈴鈴鈴——」

這可能是這輩子第一次這麼期待鬧鐘響起，我和M幾乎同一時間彈了起來，互看了一秒，還是忍不住興奮地笑了出來；雖然不得不承認，在搭車前往機場的路上，我們如同沒電的機械兔子一般陷入昏迷，但當踏出機場停車場的那一步開始，還是精神抖擻地像準備出任務的空軍飛官，自以為是地玩著慢動作，帥氣前往機場大廳。

「碰」地一聲巨響，打壞了我們的幼稚遊戲，作為菜鳥背包客中的菜鳥，我還不太會控制二十

一個不小心就把背包塞滿了，揹不揹得動的問題到時候再說吧！

公斤的大背包，整個背帶鬆脫，一分為二掉落在地上。家人趕緊向前關心，我深吸口氣並耍酷說著：「小事！小事！」但他們不知道的是，當時我的腋下已經嚇到積水，而M則是扛著自己的背包，為了保持平衡，也處在自身難保的狀況中。

經過一陣狼狽地修理，總算有驚無險地來到了桃園機場的登機口。台灣家長愛子愛女心切的程度眾所皆知，暫時的道別總是讓人鼻酸，尤其是M的爸媽，感性派的情緒流露地一覽無遺，好險一個幽默的小插曲撫平了一把鼻涕一把眼淚的場景。

M的姊妹淘們暗自計畫來個驚喜送機，偷偷向M的媽媽打聽了班次和時間，萬萬想不到，心直口快的M媽媽，兩秒不到就不小心把祕密講出來了；當朋友們偷偷摸摸地從後方飛撲上來的時候，我們當然用百分百的演技作為回應。可想而知，接下來就完全變成M媽媽的道歉大會了。

我爸媽就完全不一樣，他們走的是死鴨子嘴硬派，嘴裡雖然輕鬆地說著「不就一年而已，孩子們長得夠大了啦」之類的話，但從我爸對行程規畫比我們更倒背如流的情況，再加上我上次——也是唯一一次出國經驗，是小學五年級的日本四天三夜遊來看，應該能想像他們有多麼擔心了。

「各位女士、先生：歡迎搭乘國泰航空CX465班機，將由台北飛往香港。機長已經打開了繫好安全帶的燈號，請各位旅客盡快入座，並請將椅背豎直，我們即將起飛。」

旅途小彩蛋 ｜

最神祕也最簡單的環球機票

我們決定以最簡單的方式來環遊世界，一人一張環球機票看來是個好選擇，但買這種機票的人實在是太少了，就連打電話到台灣代理的國泰航空也常常一問三不知。其實我們買完票之後還是懵懵懂懂的，不管了，票都開出來了，我們要出發啦！

泰式按摩學校

一個弓箭步，雙手抓著大叔的左腿往上推，頭頂在大叔的腳上，大叔像極了水上芭蕾舞者，我卻宛如正在立木樁的粗工師傅。

——M

位於清邁的泰式按摩學校。

捷運很快地到站了，H轉向我再次叮嚀：

「記得眼觀四面，耳聽八方，注意四周……」一個擁抱之後，我走進了車廂，還想再說些什麼時，車門已經關上，H微笑著向我揮揮手，熟悉的身影隨著移動的車廂，一下子消失在彼此眼前。

環遊世界的第一站——泰國，我們決定朝著自己的興趣移動，開始短暫的分開旅行。女生要一個人旅行這件事情，的確比較容易讓人擔心，加上我有點粗線條的個性，出發前，身邊的人都不忘耳提面命，一再提醒著要注意人身安全。「眼觀四面、耳聽八方」，這八個字不斷重複叮嚀，只差沒有直接刺在我背上而已。不過仔細想想，以出國的經驗來說，我有過好幾次的國外旅行經驗，也一個人到美國打工過；以外語能力來看，我就像是H的人體翻譯機，失去翻譯機的H，才是令人擔心的那一方吧！

早上九點出發的巴士，抵達清邁（Chiang Mai）時也已經晚上六點多了，扛著大小背包的行囊，終於來到事先訂好的民宿門口。這間座落在街角的民宿並不在清邁古城的鬧區，周遭商店和攤販讓人有種在台灣鄉下的感覺。民宿的主人諾蘭不是泰國人，而是位純正的美國大叔，親切地帶著我參觀客廳、廚房與共用衛浴，最後來到了客房，諾蘭幫忙卸下行李，苦笑說：

「天啊！妳在開玩笑吧女孩，這背包的重量有幾個妳啊？妳真該好好休息一下。」

§

為了明天一大早去泰式按摩學校註冊，是該快快洗個澡，準備回房休息了。此時，對面的房門卻突然開啟。

「哈囉！你是剛住進來的吧，也是來學按摩的嗎？」一位留著金色短髮的女生向我打招呼，開朗自然的笑容，看起來很精明能幹。

一番寒暄後，名叫艾琳娜的烏克蘭大姊，成為這趟旅行的第一個新朋友。有了學姊的照應，隔天很快就辦理好繁複的手續，我為期一週的初級泰式按摩課程，正式展開。

早上八點半抵達學校，門口脫鞋，到櫃台簽到後，可以看到前方已經有好幾個人在排隊了，但並不是排隊等著進教室，而是輪流在水龍頭前洗著臭腳丫。時空好像突然回到幼稚園，我彷彿看見小朋友們排隊站在一整排的水龍頭前，洗手準備吃點心的畫面。一整排的大朋友們坐在水龍頭前的小板凳上，一邊擠肥皂一邊刷腳，畢竟學按摩需要一些肢體接觸，不洗乾淨點可就尷尬了。即使這是例行公事，但之後每天遇到這個場面時，我還是會忍不住偷笑出來。

銅鈴響起，門口走進一位約莫五、六十歲左右的男子，灰白的頭髮梳得整齊，個子不高卻很穩重，散發著一股祥和的氣息，同學們雙手合十，眼神全聚焦，我跟按摩大師初次見面。

老師帶領大家朗讀了一段我也聽不懂的頌文，一陣念念有詞，有點像到了佛光山。我很用力地忍住笑意，但老師好像看穿了我的心思，開始解釋起頌文的用意。原來正統的泰式按摩還要給予被按摩者祝福，並藉由頌文幫助按摩者的內心安定下來。起初朗讀時，對於發音和內容還不熟悉，有時念得有些滑稽；隨著不斷地練習，有天突然發現自己也能沉浸在大家的朗讀聲中了，平靜是當下最好的註解。

§

某天的課堂上，老師提醒大家，在課程的最後會有實作考試，每個人必須完整地演練所有的按摩動作，才能拿到泰式按摩的初級認證，教室裡一陣喧鬧，大家嘰嘰喳喳地討論著考試的內容和時間，緊張的心情溢於言表，原來全世界的學生聽到考試的反應都一樣啊！

我當然也不例外地緊張了起來，雖然這是初級的按摩課程，但是和其他同學聊天之後發現，大多的同學本身就從事按摩的工作，不然就是護理師，復健師等等，好像只有我是一個百分百的門外漢，這幾天只記得上課很好玩，很享受和同學們互相按摩的過程，完全忘了手冊上有寫到要實作考試這件事……

測驗當天，一進學校就可以感覺到氣氛和平常完全不同，教室裡沒有嬉笑聲，有人埋頭在手冊裡，有人抓著自己的手腳練習著。

時間一到，助教走了進來，手上還拿著一個籤筒，說道：

「好囉！請大家先來抽籤，每張紙條上有一個英文字母和數字，字母代表著上下半場的考試時間，請找到和你有相同數字的同學，他就是你今天考試的夥伴，你們要分別為對方進行完整的按摩演練。」

同學們爭相上前抽出自己的幸運籤。

艾琳娜抓起我的手，笑著說：「我把我的幸運傳給妳，加油！」

基本上，和平常的考試一樣，大家都抱著早死早超生的心態，希望能抽到上半場的時間，至於抽到的夥伴呢，最好是體型差不多的同性同學，這樣不管要翻身還是抬腿，甚至是更近距離的按摩動作都比較自在好發揮。

我用賭神的方式，瞇著眼慢慢打開抽到的好籤。

「是七！太好了，早點考完早輕鬆，艾琳娜的祝福果然有效，趕快去找一下另一位幸運七的同學。」

還在暗自竊喜著，一抬頭看，教室裡早已亂成一團，不時還聽到尖叫聲，有人開心地抱在一起，有人吵著要和旁邊的同學換籤。我高舉著幸運號碼，試圖從混亂的人群中找到我的幸運七，這

左上：亂中有序的上課狀況。左下：滿頭大汗之後終於領到這張初級泰式按摩證照！
右：各位小朋友排排坐洗腳啦。

時，角落裡有一雙笑瞇瞇的眼睛直直地盯著我瞧……

§

太幸運了！實在是太幸運了！這已經超越一般的幸運範圍了，手上拿著另一個幸運七的人就是籤王之王，全班最大隻的日本大叔啊！面對大概有三倍體重的大叔，我僵著上揚的嘴角給了一個大大擁抱，大概就是手下留情的意思吧。

「I am sorry, Mengo.」大叔笑瞇了眼說。

教室的另一端，艾琳娜皺著眉頭站在籤王二號旁，那是全班最高的義大利男，她的個子大概才到人家的胸口而已。當艾琳娜和我的眼神交會時，兩個人忍不住哈哈大笑起來。

兩個小時的泰式按摩，我緊張得冒著汗，努力地跟著筆記完成一個又一個的按摩手法。一個弓箭步，雙手抓著大叔的左腿往上推，頭頂在大叔的腳上，大叔像極了水上芭蕾舞者，我卻宛如正在立木樁的粗工師傅。站在一旁的助教忍著笑、扭曲著臉為我加油：

「用力！推！再用力啊！」

正所謂先苦後甘，演練結束後，雙方攻守交換，筋疲力盡的我開始享受以大欺小的大叔按摩，一個使勁，一個伸展，游刃有餘的力道施展得恰到好處。閉上雙眼，好像聽到了古泰式按摩的祝福經文，思緒開始放鬆，腦中漸漸空白，越來越來越來越放鬆……

「Mengo !Mengo !」

耳邊突然聽到急促的叫喚聲，趕緊睜開眼睛，所有的同學都在大笑，原來升天的結果就是不小心丟臉地睡著了。跟大叔道謝完畢後才發現了一個驚人內幕，原來大叔在日本可是擁有一整家按摩店的專業大師啊！

所以，除了證書順利到手之外，被按到睡著真的不能怪我喔！

旅途小彩蛋 |

一起學泰式料理

除了去上按摩學校之外，還去學了正統的泰式料理，大家都成雙成對的攜手做羹湯，分開旅行的我，被分配到當主廚小幫手，好處就是跟廚師混熟了，會有隱藏版料理免費吃喔！

武術大師級的長相。

泰式英雄

正式訓練開始後，首先吸引到我目光的不是營區裡少數的女孩子，而是一位滿頭白髮的日本大叔，怎麼看都是空手道好幾段的大師長相，動作略顯鬆散的他，應該是在保留實力。

——H

我與M在車站分別後，獨自走向搭車地點，預定的泰拳營位於泰國南部班武里府（Prachuap）靠海的一處近郊，聽地名都已經夠陌生了，何況還是在近郊呢？找起來絕對不是件容易的事，但未雨綢繆的我，早在前一天就到巴士總站打聽好了乘車處。

一派輕鬆地走向指定地點，沒看到昨天招攬巴士生意的熱心大叔，那就直接走進票亭買票吧！付錢時拿出了地址再次確認，得到了大概很重要所以要說三次的答案。

「No! No! No!」簡短有力的回答並指向對街。

看來是中計了，為了搶巴士生意，不論我說要去哪裡，門外招攬生意的大叔們都會說沒問題吧……。揹著二十公斤的大背包過個馬路有什麼問題，不過就是六線道加狹窄的安全島罷了，我可是要去泰拳訓練營的fighter呢！此時的我仍沉浸在超級英雄的美夢當中。要怎麼讓夢中人清醒呢？只要讓他在像足球場大的巴士總站上，折返跑個六、七趟就夠了，還沒抵達訓練營就已經開始訓練腿力，怎麼問都得到了疑惑和否定的答案。仔細閱讀著列印下來的泰拳營交通導覽，「乘車處就在一個巨大的百事可樂招牌下方」，但抬頭一看，全世界都是百事可樂的招牌啊！

輕快的步伐早已經蹣跚，離原本預定上車的時間已經過了一個小時，原來的自信已經變成有點擔心。終於，在越問越遠的高架橋下，找到一個「擺了幾張小板凳就說自己是車站」的乘車處，還真的有個百事可樂招牌，但是實在是有夠小的……

眾裡尋他千百度的巴士沒有讓我失望，司機自信滿滿地說他知道這個地方。從城市開到了小鎮，小鎮開到了村落，村落開到……窗外已經看不到人類了，只剩下遠方農田裡的老黃牛。

我冒著冷汗心想，「該不會到了站之後，還要自己在荒野裡面急行軍找營地吧？」好險是多慮了，少了系統化的泰國小巴，雖然讓人有點摸不著頭緒，卻也貼心地把我直接送到營區的正中心，享受著計程車等級的服務；下車時，十幾個凶神惡煞的泰拳選手同時回頭面對著我，即將開始訓練的緊繃感一下子全都湧了上來。

§

到訓練營的第一天，正好碰上休息日，總教練看到新來的我沒事做，就前來搭話，問了問相關經驗，突如其來地就被叫上擂台「玩一下」。果真被玩了一下，在台灣還算身材高挑的我，碰上了一百九十幾公分的總教練，第一次領教到身高優勢與職業選手等級是什麼樣子，就是隨便笑嘻嘻，就能把你搞到喘吁吁。

正式訓練開始後，首先吸引我目光的不是營區裡少數的女孩子，而是一位滿頭白髮的日本大叔，怎麼看都是空手道好幾段的大師長相，動作略顯鬆散的他，應該是在保留實力。

上午三個小時的訓練好不容易結束，對於在台灣一週也不過訓練六個小時的我來說，已經累得有點虛脫了，但還是硬湊上去，跟日本大叔做了一下國民外交。他聽到我說的「長相大師論」後大笑，原來大叔完全沒有任何武術經驗和底子，只是一個喜歡看格鬥比賽的粉絲，一直想著有一天也能走上擂台，但只光是想，想到頭髮

左：他就是文章最後的主角。右：越級打怪的真實版就是這個樣子。

都白了；直到年近半百，發現自己不再年輕，才下定了獨自前往泰國訓練的決心。從來到訓練營直到大叔離開，我沒看過他缺席任何一次訓練；而休息時間裡的大叔，除了默默做著仰臥起坐，希望能擁有趕上年輕人的體力外，就是不停擦著痠痛藥膏了。

回想起出發前擔心跟不上進度的我，意外的被分配在高級選手區裡纏鬥著，原來將近一半的學生竟然都是沒有任何基礎的新手，卻大膽地前往了專業的訓練營接受訓練。在這裡，有人想擺脫弱雞的個性，有人想上擂台當個職業選手；相較慣於受到保護的我們，往往因為害怕失敗，不知不覺失去了多少追求理想的勇氣。

記得離開前的最後一個禮拜，來了一個身材明顯吃了太多漢堡的拉丁美洲胖哥，單純為了減肥的他，興沖沖地來到訓練營，每次訓練才開始，就好像要了他的小命，剛熱身完畢，整個人就已經癱在牆角休息了。

看著他在擂台上跑動的吃力模樣，真的很佩服他獨自前來的衝動，但值得佩服的還不只如此；離開泰國後的幾個月，我在訓練營的粉絲團上看到一個熟悉的身影，站在擂台上高舉雙手，胖哥在泰國拿下了他人生的第一場勝利。

旅途小彩蛋｜

閉關練功去

訓練中心的位置太荒涼了，除了學費之外沒有什麼其他的花費，突然嘴饞想吃零食，就得跑到兩公里外的雜貨店，姑且當訓練吧！有天晚上終於摸黑抵達，沒想到雜貨店早就關門了……

變態（BAN THAI）旅館的真面目。

人哩?!

逗弄了一下角落邊發懶的小狗，欣賞了一下屋主的園藝擺設，突然抬頭看到了民宿招牌寫著旅社的名稱，大大的「BAN THAI」兩字，順口唸出了發音，一個人忍不住噗哧地笑了出來……

——H

我準時地在下午一點抵達了泰國佛教聖地古城——素可泰（Sukhothai），一個人前往了預訂的旅社，期待著與M的久別重逢。跟泰國當地人講起英文突然有一種莫名的親切感，可能是在泰拳營裡被歐美聯軍包圍後的一種鬆懈，也有可能是我現在的膚色走在大街上，路人都會跟我講泰文的關係。興致大開的我想跟旅社老闆娘多聊幾句，展現一下英文程度，證明自己在這非英語系國家裡也可以流利溝通，但老闆娘敷衍了幾句並確認M還沒有入住後，就遞上了房間鑰匙離開，看她睡眼惺忪的樣子，應該是打擾到人家睡午覺了。

前一天在曼谷（Bangkok）逗留了一晚等待轉車，穿梭在車水馬的街道和突然襲擊你小弟弟的lady boy打交道，那樣的紛鬧，在這裡明顯看得出來完全不可能發生。這裡是個安靜到不行的小鎮，旅社裡也彷彿只剩下爭樹果的小鳥和我的存在。逗弄了一下角落邊發懶的小狗，欣賞了一下屋主的園藝擺設，突然抬頭看到了民宿招牌寫著旅社的名稱，大大的「BAN THAI」兩字，順口唸出了發音，一個人忍不住噗哧地笑了出來。想著等M到來時，大聲歡迎她一同入住「變態」旅社的景象，我默默帶著變態的微笑走回房間，享受起悠閒的午睡時光。

就算快要冬天了，泰國的天氣還是熱情得很，有了午後的小雨加持，溼熱的感受有點像在蒸氣室裡做桑拿。便宜的旅館內當然沒有冷氣，我被自己身上的黏呼呼熱醒，看看窗外的景色，天空已經變得橘紅，房門外也有了其他旅客的嬉鬧聲，在昏暗的房間裡看了看手錶上的數字，竟然已經快要下午五點了！M的人哩?!

我確認了手機完全沒有新的訊息後，就趕緊到櫃台詢問狀況，老闆搖搖頭說整間旅社就我一個台灣人了。

「冷靜！冷靜！冷靜！M那麼大個人了，英文又比我好個一百倍，不可能會走丟的啦！一定只是點小事耽擱了，她那麼阿呆，坐錯方向再坐回來也不是不可能的事。」安慰自己的心想。

我開始在小小的大廳兼櫃台兼餐廳的空間裡來回走動，一下翻翻泰文報紙，一下看看廚房菜單，用盡辦法掩飾自己的不安。

「啊！聽說泰國還有一點內戰在進行中。啊！聽說尤其北部的偏遠地區。啊！

左：水燈節園遊會表演，三個人控制一隻戲偶也太辛苦了。
右：在泰國外食非常方便，市場裡就找得到美味的自助餐。

聽說會有挾持人質之類的情況發生。啊！那M剛好從從北部的清邁出發，該不會……」不是在開玩笑，「聽說」這兩個字真的有可能把人給嚇死，這時我的不安已經快要溢出來了。

「撒挖低咖！」一個不太準確的泰文招呼從大門傳來。

提著大包小包的M出現了，看的出來在沒有我嘮叨的狀況下一個人旅行，讓行囊增加了不少，臉上的笑容看來沒發生什麼大事；人也很完整，沒有東缺一塊、西少一隻的狀況發生。M把行李一丟，飛奔上前給了我一個熱情擁抱，說著巴士的誤點狀況，找不到網路聯繫有多著急等等。

太陽早就已經回家睡覺了，蟲鳴、鳥叫，配上泰文綜藝節目的嘻笑，我和M正吃著道地的泰式酸辣湯，分享著各自分頭冒險兩個禮拜的種種遭遇，當然，旅社名稱的笑話一定沒遺漏掉。

短短幾個小時未知的不安，早就被拋到九霄雲外，兩個人的旅行少了寂寞，多了牽絆，沒有好與壞的分別，一切都是滿滿的體驗和回憶。

我們的旅程持續中。

旅途小彩蛋｜

水燈節上的試膽小吃

我們是在泰國水燈節的時候前往，晚間城內有著盛大的園遊會活動，跟台灣差不多，但他們熱賣的不是鹽酥雞，而是鹽酥蟲蟲們，老外們膽小的要命，不敢買。就讓H來展現一下男子氣概吧！噁……好稠。

印啦！硬啦！

會誤點很正常的臥鋪火車。

原本以為沒那麼困難的環球旅行很快就遇到了困難……我們坐著黃包車，在同一個車站裡的不同旅行社間來回穿梭，智慧型手機和筆電在沒有網路的狀態下毫無用武之地，一整天下來，我們充分體驗到什麼叫印度式的鬼打牆……

——M

無驚無險又非常順利地離開了環球第一站——泰國，即將飛往既熟悉又陌生的印度新德里（New Delhi），開始第二個國家的旅程。在飛機上，我們兩個還得意洋洋地開玩笑，說著環球旅行沒有想像中困難之類的話，殊不知我們很快就要從旅遊天堂直接跳級到背包客的魔王關了。

晚上九點順利入境印度，對於前往一個陌生的國家來說，這時間不算是個好的開始，夜晚總叫人擔心；但我們一點也不擔心，因為前一個晚上我早就訂好了住宿旅館，當下自信滿滿，這可是全球知名的旅遊書《孤獨星球》所介紹的，H也覺得妥當，他當兵時期還看過創辦人的自傳呢！

雖然清一色的印度司機占據了機場大廳，我們仍很快地找到拿著我們名字的司機，你沒看錯，背包客還請司機來機場接機咧！但這也讓我們發現，錢這種東西是多麼容易背叛你的錢包；在印度之後造訪的國家，H和我大多是從機場轉乘兩、三次的大眾運輸工具，提著大包小包，狼狽地抵達旅館。

車子突然在一個破舊的街道上停了下來，四周像極了阿拉丁還是街頭小混混到處穿梭的景象，只是多了許多堆積的垃圾。沒有看到野狗，卻看到了一頭頭活生生、神聖不可褻瀆的聖牛，正在垃圾堆中翻找食物……

司機示意要錢，但費用早和住宿費一起匯給旅館老闆，「看來他要的是小費。」我們低聲討論。我很確定預訂的旅館，絕對不是那種什麼都需要小費的高級飯店；雖然有司機接機，但搭乘的可是非常老舊的廂型車，那種讓人擔心隨時會在停紅燈時熄火的廂型車。最後，我們還是掏出了幾張美金給司機，他竟露出明顯不滿意的表情，並指向其中一條小巷內的招牌說：

「那就是你們的旅館。」

當晚的旅館狀況就不贅述了，連廁所的氣窗都被鴿子窩占領，我們一整晚還天真地奢望，老闆剛剛所說「突然壞掉」的Wi-Fi有機會修好。

「那是一間嬉皮客和酒鬼醉漢才會去的地方。」這是隔天我們在街道上聽到當地人的敘述。

原本以為沒那麼困難的環球旅行很快就遇到了困難，前往火車站詢問購票問題時，一直被掛著簡陋名牌、說著自己是火車站人員的年輕人，帶往不同的旅行社推銷行程，我們坐著黃包車，在同一個車站裡的不同旅行社間來回穿梭，智慧型手機和筆電在沒有網路的狀態下毫無用武之地。一整天下來，我們充分體驗到什麼叫印度式的鬼打牆。

「好吧，就這個行程吧。」當我們在旅行社從皮夾裡掏出信用卡的那一刻，宣布了我們的戰敗。七天六夜的行程，從西邊的新德里，前往東邊印度與尼泊爾的邊界哥拉浦（Gorakhpur），包含了住宿、火車票、專車及司機，是的！專車和司機。這是個價格高到絕對不是一般當地人消費水平的行程，我們還是買下去了，因為所有旅行社異口同聲地表示，從新德里到我們下一個目的地的火車票全賣光了。真是虎落平陽啊！當我們找到網路，再一次自己查詢車票時，那答案就和行程收據上的數字，就一起遺忘掉吧。

§

印度給我們突如其來的衝擊，實在有點讓人吃不消，很快就遇見了殘酷的貧窮，那絕對不是到月底帳戶空空就叫苦連天的我們能體會的。個頭不到H腰部的小朋友，一個箭步搶走了他手上的飲料猛吸；小販店家的強迫推銷也令我們非常困擾，委婉拒絕後，隨即換來的是不耐煩的臉色。

或許對他們而言，與其花時間考慮欺騙旅客的道德問題，不如趕快掙到下一餐的著落比較實在吧！而富人區的奢華，更讓人難以想像兩者並存於同一個國度。念不出名字的高級轎車、專屬的

左：進入絲巾染印工廠參觀，果然被唬得一愣一愣的，付了好幾倍的錢買下的生日禮物。
右上：印度式全手動投幣式飲水機。右下：火車中三層睡鋪的頂鋪，H完全無法伸直雙腳。

廚子與警衛隨從，那不過是富人們習慣的一部分罷了，或許台北信義區的高級百貨，對他們而言，可能還嫌空間擁擠了點吧。

傳統的階級制度仍然束縛著印度人的生活，空蕩蕩的餐廳裡，我們正吃著簡單的咖哩和諾提（Roti，印度最便宜的主食餅皮），老闆坐在隔壁桌喝著熱茶、看著報紙，轉向另一頭看到了三個店員們委頓在角落扒著大鍋菜。他們沒有感覺到害羞或者排斥，似乎已習慣了這樣不平等的對待，我們面面相覷地正要發出疑問時，又頓悟般地想起……

我們正在真實的印度。

旅途小彩蛋 |

車廂裡的印度神技

影音網站裡常看到印度人在生活中使出了誇張的神技，我們也發現了一個。車廂內的小販可以自由穿梭在難以行走的走道，嘴巴還可以連珠炮似地喊出巧克力、茶、點心的名稱，快到像是beatbox的那種快法。

聖河旁的電影院

印度的寶萊塢電影果然是一場綜合視覺和聽覺的饗宴，不時穿插的歌曲和舞蹈，就算聽不懂印度語的我們也看得相當開心，奇怪的是，電影裡除了有視覺和聽覺的享受之外，竟然還有觸覺的感受?!

——M

司機大哥平時喜歡去的酸奶小攤。

古老的城市瓦拉納西（Varanasi）是位於恆河河畔的印度教聖城，除了世界各國的旅客之外，許多印度人也特地從其他城市來此地朝聖。

恆河的一整天可以說是相當戲劇化，當地人在不到十度的低溫下，光著身子沐浴河中，岸邊可以看見婦女們蹲坐在地上搓洗著一家子的衣服，而遠方的下游處，家屬們列隊望著亡者最後一面，正在舉行莊嚴的火葬儀式。在古城裡，人生百態都離不開這條美麗的聖河。

在瓦拉納西等待著我們的是新的司機大哥，有了上一次的經驗，我和司機大哥再三要求：

「請讓我們自己逛當地的市場，請帶我們去吃你平常會吃的東西，請待我們像你的印度朋友一樣。」

和司機大哥培養了默契之後，接下來的日子過得非常道地。一夥人坐在街邊店鋪裡的板凳上吃著手工優格，餓了就走到攤販前點一份咖哩雞蛋餅，攤販小弟流利地拿起抹布擦好黑麻麻的桌椅後，萬能的雙手在褲頭上拍了兩下，又抓起食材繼續料理；市場逛累了，住在同個旅社的日本大學生Go加入了我們，隨意找家小店，點杯印度拉茶坐著聊天，晚餐飯後再散步到恆河畔的河階上，欣賞印度教的祭典活動。

只能說多一個人就多一份膽子，這幾天我們就像馬利歐吃到無敵星一樣，充滿幹勁地在大街小巷裡穿梭，看見有趣的攤子、奇怪的食物都要上前湊熱鬧，什麼都沒在怕。

§

某天晚上，三人在路邊看到了一間非常不起眼的電影院，門口牆上貼著最近在大街上都能看到的寶萊塢電影海報，莫名地吸引了我們的目光。

「這家電影院有開嗎？破破爛爛的，看起來好像已經倒閉了耶。」Go倒退一步，皺著眉說。

電影院的鐵門拉上，門口空地前看不到路邊小販，售票亭一片漆黑。電影院的階梯上，有幾個當地人坐著抽菸，一旁閒晃的則直盯著我們看，讓人有種緊張的感覺。H一個箭步，走向售票亭，看了看玻璃上的公告，轉頭對我露出他那好想看的微笑，說道：

「上面寫今天七點有一場耶！要不要等個半小時來看看啊？」

在印度看寶萊塢電影這項行程，聽起來非常符合邏輯，我立刻轉頭去說服Go，他那不太會拒絕別人的日本人個性表露無遺，很快就達成共識，我們也加入了電影院階梯上當地人們的行列。

二十分鐘過去，聊天的還在聊天，閒晃的還在閒晃，電影院門口還是我們這些人，完全沒有快開場前的熱鬧景象，這下子我們的內心也有點動搖了，該不會這些人真的只是吃飽太閒吧！這時，兩個穿著國小制服的小男生，揹著書包走了過來，在前方空地上聊天，我終於忍不住向前確認。

「哈囉！你們是來看電影的嗎？」

小男生們微笑點點頭。

「你們是自己來嗎？你們的爸媽沒有跟你們一起嗎？」我多事的又問。

「我們是坐巴士從附近城市來考試的，明天早上考試，今天晚上先來看電影。」其中一個子比較高的男孩笑著回答。

「哇！準備得很充足嘛！在考試的前一天來看電影。」我說。

兩個小男生大笑，一邊調皮地推弄著對方。

H和Go也湊上來閒聊，果然沒多久，鐵門拉開了，其中一個坐在階梯上的阿伯走進售票亭，大家紛紛往票口移動。

「請問一張票多少錢？」我問。

「五十盧比，要幾張？」阿伯頭也不抬地回答。

左：聖河的日出讓人有種煥然一新的沐浴感。
右：就是那個小學生！

熱映中的寶萊塢電影，一張票竟然只要台幣三十元，應該沒有再殺價的餘地了吧！我們三個興奮地付了錢，像極了來校外教學參觀的小學生，轉頭一看，後頭還真的跟著兩個印度小學生呢！

§

進入漆黑電影院內，很快就有驚人的感受，這家電影院不用來播放恐怖片實在太可惜了！天花板上、階梯上全布滿了灰塵和蜘蛛網。座位是任選的，我們猜是售票大叔也不確定哪些位子可以坐吧，整排座椅歪七扭八，內裡棉花和彈簧外露，看起來亂有氣氛的。我瞪大雙眼站在原地，H露出驚喜的表情東張西望，Go則頻頻發出日本電視劇裡那長而有力的讚嘆聲。

電影準備開始，我們和剛認識的小小朋友們坐在一起，幼教科系出身的我自然而然地坐在小學生的旁邊當起了大姊姊，從包包裡拿出巧克力餅乾和新朋友們分享，一排人有說有笑，這一切是多麼的美好啊！

印度的寶萊塢電影果然是一場綜合視覺和聽覺的饗宴，不時穿插的歌曲和舞蹈，就算聽不懂印度語的我們也看得相當開心，奇怪的是，電影裡除了有視覺和聽覺的享受之外，竟然還有觸覺的感受?!

就在電影播到一半，我突然感覺到大腿上多了一隻游移的手，心想著這種搞笑的電影，H竟然還有心情調情，算是夠浪漫的。但我看了H一眼，他雙手正好好地插在胸口，沒有動作啊！那正在腿上的這第三隻手是怎麼回事？該不會這電影院裡真的有……

我忍不住好奇瞄了一下大腿，竟然是隻小小手，原來隔壁的印度小學生正把手放在我的腿上。我開始回想，怎麼之前沒聽過印度有這種表達友好的方式呢？輕輕地把那隻小手拎回了小學生身上，但沒多久游移的手又出現了，這下開始變得有點詭異，我心想著該不會這就是印度男性惡名昭彰的不友善舉動吧！但看到小學生繼續盯著電影假裝沒事的表情，荒謬地令人發笑。於是我跟小學生玩起了你丟我撿的遊戲，但丟的不是玩具球，而是小學生本人的左手，直到中場休息時間，我告訴H這件事，交換了位子，H大剌剌地獻出了他的大腿，想確認一下這到底是不是想爸爸還是想媽媽的一種分離焦慮，但下半場開始後，小學生就再也沒有任何動靜了。

§

待在瓦拉納西的最後一天，清晨，天還沒亮，外頭溼冷的空氣讓人直打哆嗦。我和H叫醒了隔壁房還在睡夢中的Go，穿上保暖的衣服，出發前往恆河邊。河邊的船夫有的坐在岸上喝著拉茶取暖，有的已經開始招攬生意。坐上其中一艘小船，在恆河上划行，天空慢慢地由黑轉淡，漸漸地透出一道曙光，灑在寬廣平靜的河面上，幾朵黃的、粉的花瓣漂在水面，或許是親人們對亡者的思念，人們沐浴在聖河裡，讓聖河為他們帶走汙穢，帶來純淨的身體和心靈。看著這樣的場景，三人似乎忘記了早晨的冷冽，大口大口呼吸著空氣，一起投入恆河的懷抱。

船夫輕輕地哼著歌曲，我們開始回想這一段在印度旅行的日子，看到了印度悠久文化的美麗與繽紛，當然也有落後與貧窮帶來的心寒。離開之際，我還是很後悔沒有當下導正那名小學生，雖然跟友人說起電影院的荒謬經驗時，總是誇張的嘻嘻哈哈，但心裡卻默默祈禱著，希望他的偏差觀念不要誤了他一生。

旅途小彩蛋 ｜

變臉的司機

跟我們培養好默契的那位司機，以為合作愉快，但就在我們要離開的最後一天，又開始了要錢討價還價的戲碼。車費我們早就付過了，沒有多餘的預算可以給他，他一聽之下勃然大怒，瞬間變臉把我們趕了下車，登愣！傻眼。

邊界通關

我們拒絕了他們，一路向前走著，當時像極了老鷹抓小雞的情景，我們後方拖著一群車伕前進，此起彼落地喊著。

——H

三輪車載著的天使笑容，讓混亂的車陣沒那麼討人厭。

哥拉浦（Gorakhpur）是印度從陸路前往尼泊爾邊境最頻繁的城市之一，抵達時已經夜晚了，看看手錶，不意外地離我們理論上要到達的時間依然差了兩個多小時，火車睡鋪的興奮體驗早就已經變成了腰痠背痛和疲憊；在印度，火車誤點的機率可能高達了九成，且誤點的單位可不是用分鐘來計算的。

車站以外的光線微弱，有家人接送的旅客瞬間消失在濃霧當中，氣溫低得讓我們兩個直打哆嗦，就連大門口也只剩兩台人力車正等待著客人，車伕大叔喊出了令我們驚訝的價格，不是天價的貴，而是意外地平易近人。

「好的，沒問題。」我們終於能像豪邁的白人遊客一樣，一口答應車伕的報價了，立即前往預訂的旅館。

路上冷清的像是佛地魔即將出沒的色調，只剩下牛群們站在路中央的垃圾堆旁挖寶，看著年紀與我們父親相仿的大叔賣力抽車的背影，我們流露出一絲即將離開印度的鬆懈和惆悵。

「先生、女士，你們的旅館就在前方。」大叔氣喘吁吁地對我們說。

華麗的宮廷外型，加上了做足氣氛的黃色地燈投照，前院還有著環形的花園車道設計，寧靜的夜晚彷彿聽到了古典交響樂演奏，我們兩個迅速付了車錢後，眼睛一亮地望著對方露出微笑，心裡想著否極泰來這句話是多麼的博大精深，一週的印度式價格攻防戰後，竟然可以在網路上輕易找到如此等級的旅館，重點是價格非常的平易近人！

「看吧！我訂旅館你放心！絕對沒有鴿子會在你的廁所裡築巢。」我幼稚地向M邀功。

§

兩人邊走邊跳地進入了旅館，大廳裡沒有人，按了幾次桌鈴後，一個穿著隨便的年輕人走了出來，態度強硬地要求我們要先打開大背包，挖出深藏底部的護照給他影印後才能入住，在大廳空等了十幾分鐘，得到了影印機壞掉的答案，幻想中的交響樂早就變成了催眠曲，闌珊地拖著行李打開房間大門一探究竟。

偌大的屋子裡只有幾張簡陋的家具，環境整潔只能勉強說是不太髒，最豪華的擺飾大概是桌上那兩瓶免費的瓶水吧，百分之百的廉價旅館樣子，沒想到失望真的可以寫在臉上。

算了，明天要過邊境了，趕緊洗洗睡吧！

市區距離邊境仍有兩三個小時的車程，我們起了個大早，再次繃緊神經迎接印度的早晨，在混亂的人群和車陣中要找到你的公車，休想靠路標指示來得到答案，找一般車來回同個廣場好幾次也是稀鬆平常。終於坐上公車，各式喇叭聲、吵雜聲聽來好像已經有點習慣，就暫時讓MP3休息一下吧！

§

我們順利地來到了兩國的交界邊境。

「先生小姐，你們要過邊境沒錯吧，從這裡前往邊境還要一段十五分鐘的車程，我還可以協助你辦理出入境手續，而且價格只要一百塊。」

下巴士的瞬間，一位在眾多印度膚色中明顯不同的白子車伕立刻向我們搭話，我們停下了腳步，十幾個車伕們順勢包圍。

這是我們第一次由陸路穿越邊境，做足了功課，怎麼想也不記得網路上的資料有寫到車站離邊境還需要另外搭車，我們拒絕了他們，一路向前走著，當時像極了老鷹抓小雞的情景，我們後方拖著一群車伕前進，此起彼落地喊著。

「我的價格只要九十塊。」

「我的只要八十塊。」

「最後的價格七十塊了！」

當有人喊出五十塊令人心動的價格時，我們抬起頭看到了上方「WELCOME TO NEPAL」的字樣，不禁偷笑了起來，應該只走了五分鐘的路程而已吧！暗自竊喜自己的堅定立場，正想回頭看看車伕們的表情時，他們早就鳥獸散的正搭訕著後方的背包客了。

邊境辦公室藏在路邊的小屋，標示小到令人懷疑，但遇上了好心人「免費」的指引，我們終於也順利完成了出入境手續。

在印度的體驗，就像市場裡賣的各式辛香料，每天的心情都能感受到酸甜苦辣五味雜陳，有時接受好心的幫忙，瞬間卻變成了一種要錢的手段，有時自認機警的提防，瞬間又讓自己陷入了冷漠市儈，或許咬到辣椒時會讓你辣得破口大罵，但每次回想起友善人們甜甜的笑容，回甘的滋味又讓我們津津樂道。

旅途小彩蛋｜

地獄公車

我們事先查好了陸路通關方式，卻忘了查從尼泊爾邊界抵達市中心的巴士時間，訂好旅館的我們只好擠上小台的代步交通車，H的雙腿無法伸進座位，路面震動會撞到車頂，還有當地人把活生生的山羊重疊的塞在腳下，十二個小時車程，完完全全的地獄公車。

一天五小時路程中的其中一個休息點，短暫放鬆之後，還得繼續趕路呀。

喜馬媽呀山（上）

跟路過的村民和登山客用當地語言打招呼，互相問候「Namaste」，看似陌生卻又有著莫名的熟悉感。

——M

這一天，天還沒亮就起床了，因為精神抖擻的我們正在前往喜馬拉雅山登山口的路上。

無可取代的世界第一總是令人嚮往，這是前往尼泊爾之前唯一一個設定好的行程，為了安全和體力的考量，我們向旅行社聘請了一位嚮導、一位挑夫，當地嚮導不只熟悉山裡的路線，還個個有著野外求生高手的長相；而挑夫更是有如登山客明燈的職業，就算背上超過他體重的行囊，也能輕易地穿梭在山谷間快速的移動。

抵達登山口後，我們開始最後的整裝，準備迎接即將面臨的挑戰，不，應該說，挑戰已經開始了……

我們偉大的挑夫大人咧?!

登山口只有嚮導桑統站在那等著，我們疑惑地詢問，桑統也困惑地趕緊去電旅行社，得到的答案是很恐怖的，對方抵死不承認我們有達成這樣的協議，真是龍困淺灘啊！

此時幾個在登山口待命的挑夫都湊上來喊價，價格大概是全部旅費的一半，想當然爾，沒有多餘的預算可以支付這筆開銷，那誰當挑夫呢？H有點無奈，摸摸鼻子，揹上了兩人合二為一的背包。我有點失落，在山裡漂漂亮亮拍照的計畫泡湯了，穿回顏色單調的防寒外套，眼睜睜看著可愛的洋裝和其他雜物全部被送回旅館。不管了，趕快出發吧！

§

登山是接近大自然的最好方法，而接近大自然則是忘記城市紛擾的最好方式，跟路過的村民和登山客用當地語言打招呼，互相問候「Namaste」，看似陌生卻又有著莫名的熟悉感。原來走在世界第一的身上，是如此地春風得意！

這是一條七天六夜的路線，預計每天要走上六個鐘頭的路程，對於登山經驗薄弱的H來說是一大挑戰。他回憶起最長的登山行程，大概是五年前，全程二十分鐘的陽明山步道吧！而我就有不少的經驗值了，家中老爸是純正的登山派，所以不管是登山還是野炊露營，多多少少都參加過，我信誓旦旦地表示這是趟幫爸爸探路的行程。

在登山開始的第四個小時，一行人的實力差距逐漸顯現，桑統不意外地一馬當先在前頭走著，三不五時還會坐在台階上剝橘子，從容地等待我們兩個跟上。我感覺有點累了，但看到有趣的小花小草小昆蟲，就會開啟加速模式，蹦蹦跳跳地追上去一探究竟，像是充滿活力的青少年，把鏡頭移向位居最後一名的H身上，大背包的重量感隨著體力的下降成反比上升，已經累到爆的身體卻逼著嘴巴說出了「沒問題」三個字，像極了愛面子的中年大叔。

「這是最後一個上坡了！」

桑統在前方說出了令人動容的一句吶喊，我除了加速之外，還開始胡言亂語的為H打氣。

「加油加油！男子漢大丈夫，一座小山丘是打敗不了你的！」我充滿元氣地說。

「呃？你確定我會贏嗎？我們不在小山丘，我們正在世界第一的大山丘啊……」H有氣無力地回答。

「幹嘛這樣！就最後一小段路，很快就要到了，加油加油加油！」

「說好的路在哪裡？說好的路在哪裡？」H指著最後一個上坡激動地撒野著，人工鋪成的道路早就結束了，最後一個上坡可是個扎扎實實、得要攀爬的石頭路。

我大笑著說H身體沒力，腦子卻還是滿有邏輯的，看來絕對沒問題。他提起精神向前追趕上去，可是越追越覺得膝蓋怪怪的，但就在眼前的終點怎麼能放過？一步當兩步踏的衝刺結果，得到的回報就是膝蓋舊傷發作，一個轉眼，下坡走起來跟上坡一樣艱難。更重要的是，今天才是登山的第一天啊！

太陽下山後，山區的溫度直線下降，別說出外看夜景了，就連離開火爐去上廁所都有點強人所難。在限電的小旅館內，旅人們圍著火爐聊著今天一路上看到的小精彩。記得那天回到房間其實才八點半，嘴上說著還早，身體卻很老實地已經平躺在床上，四周寂靜無聲，彷彿動物們也都累壞了。

趕緊睡吧！晚安喜馬「媽呀」山。

旅途小彩蛋 |

在冷與熱之間

每天下午走到落腳營區後，第一個步驟就是趕快去排隊洗澡，因為趨近零度的溫度下，如果沒有一點太陽光在，我們是不願意脫下身上任何一件衣物的，但山上的熱水器無法調溫，脫光時好冷，碰到水又被燙得哇哇叫……

我們在小山丘跟後方的世界第一合照。

喜馬媽呀山（下）

好極了，路面順利變成小巨蛋的冰宮，肌肉痠痛好不容易恢復一些的我們，又開始舉步維艱，踉蹌前進時的心境從好玩到好笑，直到看到前方的山路縮小成峭壁及懸崖時，變成了好可怕。

——H

越往高處走，空氣開始變得稀薄，氣溫也明顯下降，用隨身的手巾摀住嘴，才能讓呼吸舒服一些。當太陽緩緩升起，面向陽光的這面開始發熱，背對的那面卻還是持續發冷，我們發明了邊走邊轉圈圈的前進方式，自娛娛人。嚮導桑統回頭看著我們，對我們的行為感到困惑，M幽默地解釋：我們正沉浸在大自然的音樂裡跳舞。

桑統是個體貼的人，面對步履蹣跚的我，實在看不下去，主動協助分擔了一點行李；看到腿不夠長的M在攀爬時，也會帥氣地上前給予攙扶；一路上介紹著當地的風土民情，也聊起了他的老婆孩子，我們相處得和樂融融，直到他開始講起了他之前帶團的故事。

故事內容不外乎是他曾帶領過的世界各地旅人，大部分都很滿意他的服務，不只給他不錯的小費，還介紹了其他的工作機會。當時我們被點了一下，心想到時候的小費可別忘記了。故事繼續，那時他的眼神雖然沒有直視我們，但我們卻能感受到些許亮光，說起豪氣的中國旅客，小費都給的大方，甚至收過將近整個帶團費用雙倍的金額。我們開始有點聽懂了，先前的暗示變成了明示，桑統對我們兩個講著中文的台灣人，還是有著對中國人一般的深切期待啊！但碰到連在山上買瓶礦泉水都非常猶豫的我們，最終只能和他說聲抱歉了。

§

旅程來到了第四天，準備前往登頂營區。登頂的意思，當然不是指喜馬拉雅山的頂峰珠穆朗瑪，只是眾多山頭中的一個小山丘，但這已足夠激勵我們兩個大步前進。

地上小草夾雜著低溫造成的冰霜，還沒看過白雪的鄉巴佬二人組走得驚喜連連，嘴上頻頻說著真希望看到一場美麗大雪之類的話。美夢當然沒那麼容易成真，但惡夢卻會不小心碰到，繼續前進的路上，結霜的小草開始覆蓋了一點白雪，漸漸地積雪越來越多，地面開始變得有些溼滑，越走近陽光的遮蔽處時，溼滑更加嚴重。好極了，路面順利變成小巨蛋的冰宮，肌肉痠痛好不容易恢復一些的我們，又開始舉步維艱，踉蹌前進時的心境從好玩到好笑，直到看到前方的山路縮小成峭壁及懸崖時，變成了好可怕。

我被困在進退兩難的懸壁中央，揹著晃動的大包包，有點重心不穩，更別說懸著那舊傷復發的右腳了。看著腳上那雙失去摩擦力的VANS滑板鞋，腦中回想起山下登山店老闆的建議：

「你們不需要登山鞋，以你們的登高程度，你腳上的布鞋就綽綽有餘了。」我開始嚴重質疑起老闆的專業程度。

前方蹦蹦跳跳前進的M，回頭一句「加油！加油！繼續前進」的鼓勵話語，已經被失控的理智線解讀成不知所謂的挑釁了。

「趕快移動你的雙腳，不要怕。」這時桑統突然又開了最後一槍。

啪嚓，理智線斷掉了，他以為我在怕嗎！我在溼滑峭壁中用著高難度的動作抬起了一隻腳，露出早就磨平的鞋底，怒吼道：

「等等！請讓我冷靜一下！我一點也不怕！只是我現在一步都動不了啦！」

後方突然傳來了一點聲音，看來是有其他登山隊伍漸漸逼近，我更加地緊張，說時遲那時快，幾個巨大的黑影接二連三地從我身旁的斷崖側躍而過，仔細一看原來是登山隊的挑夫們。我和M都看傻了眼，不只是他們身上驚人的行李量，他們個個腳上穿的，竟然是不折不扣的藍白拖！男子漢大丈夫的自尊徹底被擊垮，開始用著滑稽的狗爬式緩緩前進。

一個回神再度想起，原來山下登山店老闆對我們是用當地人的標準啊……

§

喜馬拉雅山的小山丘上的日出還是小有看頭的，在伸手不見五指的環境下，任何一點小小的光線都那麼地惹人注意。山頂冷風刺骨，期待著日出，又擔心著烏雲，等待中的登山客，想盡辦法相互取暖，有人開始原地開合跳，也有人付出了好幾倍的價格買下當地人扛上來的熱茶。看著手錶，時間一分一秒地過去，灰濛濛天空開始上色，溫柔的淡藍牽著怯場的橘紅出場，刺眼的光線從遠方的稜線探頭，瞬間，時間暫停了，所有人朝著同樣方向做著同樣的反應；五秒後，有人開始鼓掌歡呼，迎接巨星的出場。

桑統拍拍我們的肩膀要我們回頭，陽光照著遠方三座積滿厚雪的山頭，最高的那座就是珠穆朗瑪峰，看起來近在咫尺，看起來遙不可及。

旅途小彩蛋 |

迎接光明之前

登山肉腳的我倆，一直以為「明天一早登頂看日出」這句話，指的是明天五點半起床在營區旁平台看看太陽而已；但誰能想到，竟然是三點起床，摸黑沿著陡坡峭壁急行軍兩個小時後，才氣喘吁吁地抵達，好睏又好黑，那兩個小時的路程，是完全沒有意識的移動。

充滿期望的奇旺國家公園

徒步走進國家公園裡，拜訪野生動物們。

帶頭的導遊卻主動提起，如果真的碰到大型野生動物時，他們會留下一名導遊吸引注意，另一人會帶大家趕快離開；接著又說起前陣子有多少人被野生動物攻擊的數據。我們聽得半信半疑……

——M

尼泊爾有個名字很有泰國味的國家公園，叫做「奇旺」（Chitwan），聽說住滿了各式各樣的野生動物；更酷的是那裡路上最常見的動物，不是汪汪叫的野狗，而是大象！對於兩個好奇寶寶來說，這絕對是個前往那裡的充分理由，不到一天的討論，我們已經買好車票，充滿期望地前進奇旺國家公園了。

原以為抵達熱門觀光區會人滿為患，但巴士到站時，車上只剩下我們和一對西方情侶。巴士門一開，當地旅館業者一擁而上拉起生意，已經訂好房間的我們對他們來說是個打擊；想當然爾，另一對情侶便成為兩塊眾口爭搶的大鮮肉。我們慢條斯理地搭上旅館接駁車時，那

左：奇旺的路上沒有計程車，只有計程象！

對情侶還被包圍在拿行李的艙門口動彈不得。

大部分的遊客都住在國家公園入口前的主街上，一向看價格選旅館的我們，不意外地住在主街最尾端的建築物裡，和前方的豪華旅館比起來，我們住的非常非常貼近大自然。第一個夜晚，讓我睡得提心吊膽，三更半夜一直聽到有人試圖要闖進房門的聲音，不太牢固的房門不時喀拉喀拉地作響，睡死的H當然完全沒發覺，直到我開始對著不斷晃動的大門喊出「Go away」之類的話時，他才驚醒。

當下真有點像驚悚片的橋段，兩個人窩在床上討論著要怎麼處理這個情況。H終於鼓起了勇氣要去開門，並做好隨時出拳的拳擊架式。

門一開，一個人影也沒有，走廊上也沒有任何動靜，驚悚片一下子變成恐怖片了！關上門後，H叫我別想太多，但放鬆不到兩秒，不明的喀拉聲再次響起，H瞬間把門再度打開！

「欸，好像是風耶……」

從睡夢中清醒的H，用清晰的邏輯破解了門外的可怕入侵者，原來是鬆動的大門不時被強風吹得喀拉作響。H哈哈大笑，但我還沉浸在懷疑的恐懼當中。

§

切入正題，要自己進入國家公園的費用還真不便宜，跟當地仲介買個包含門票的小行程是最划算的方式，租了兩台腳踏車穿梭在各個旅行社中比價較勁，我們一點也不覺得太商業或無趣，因為真的有好多大象在路上走來走去哦！

最終我們買了一個不是最便宜的旅行社行程，原因很膚淺，因為他們門口貼了很多張老虎的照片，讓我們眼睛為之一亮。雖然老闆很有良心地一再強調，這個季節要看到老虎的機會並不大，但我們還是很任性地拿出了信用卡，然後一邊在回旅館的路上稱老闆為「老虎大王」，一邊做著明天一定會看到老虎的白日夢。

「果然真的是很自然的自然公園。」行程的重點在於徒步走在草長得比H還高的園區裡面，我們討論起「如果真的出現老虎的話就完蛋了」的話題，繼續撥著芒草移動。

整個團只有三名遊客，我、H和一位韓國姊，卻有兩位導遊包夾著我們前進。本以為是經濟不景氣的關係，多請一個人能讓當地人能多點頭路，但帶頭的導遊卻主動提起，如果真的碰到大型野生動物時，他們會留下一名導遊吸引注意，另一個人會帶大家趕快離開；接著又說起前陣子有多少人被野生動物攻擊的數據。我們聽得半信半疑，因為兩位導遊手上唯一的武器只有兩根木棍啊！

§

走了大約一個小時，我們看到了公孔雀、母孔雀和梅花鹿還有小梅花鹿，沒有老虎，也沒有什麼大型野生動物，剛開始有點緊張的氣氛變得有點無聊，導遊尷尬地打起預防針，說有時候可能會有看不到什麼東西的事發生。

就在這令人有點失望的對話結束後幾分鐘，大家突然同時瞄到前方樹林裡有個不尋常的巨型屁

上：看著M簽約而笑開懷的老虎大王。
下：從我們面前狂奔而過的白犀牛，到底是誰嚇到誰？

股，下一秒地面開始震動，而且越來越猛烈。「碰！碰！碰」的腳步聲迅速逼近，我們還沒來得及反應，就聽到前方導遊回頭大喊：

「RUN!!!」

這是我們這輩子聽過最戲劇化的Run了，所有人跟著後方的導遊開始狂奔。大概在樹林裡穿梭了五十公尺，大家氣喘吁吁地停了下來，導遊們睜大了雙眼追蹤著那隻龐然大物，其中一人用驚訝的眼神看著我們身後的韓國姊，一把抓下了她的帽子說：「小心！紅色的帽子可能會刺激他們。」酷酷的韓國姊眼角流露一絲絲「怎麼現在才跟我講」的驚恐神情。

我們躡手躡腳地撥開前方的小樹叢，一隻巨大又美麗的白犀牛就在我們眼前，看來牠不是要攻擊我們，而是被我們嚇得不敢輕舉妄動，只是謹慎地吃著一旁的雜草，不時地東張西望，彷彿怕有人來打擾牠的下午茶。導遊不准我們更接近牠，從我們手中接下相機，自己向前幾步，拍下了有點模糊的照片。

經過了與白犀牛的邂逅，導遊們整個自信都上來了，帥氣地說：

「你們看吧！買我們家的行程是多麼值得的一件事啊！」

旅途小彩蛋 ｜

午後的奇遇

我們騎著租來的腳踏車在鎮上閒晃，看到了一對小兄弟正在庭院裡對打著乒乓球，他們把我們拉進去一起決鬥，一張自製的桌球桌和兩隻脫皮的球拍，這樣快樂又簡單的午後，當然要配上阿姨端出來的免費下午茶。

小和尚

在巴士上被調皮的小和尚們包圍。

我們幸運地很快就成功補位上車，而且一點也不擔心車子的目的地是否正確，因為整個巴士上除了幾個便服旅客外，全坐滿了穿著袈裟的小和尚，剛好是那種最難掌控的年紀。

——H

離開奇旺國家公園的那天，發生了一些算小其實又很大的問題，小的是我們要搭乘的巴士停駛了，可能要等到隔天才能離開；大的問題在於巴士停駛的原因，很可能是在前來的路上碰上了謀殺案，被害者聽說還是一位僧侶?!

一個匆忙結束早餐去趕車的早晨，瞬間收到了兩個擔心，我們要在車站等待可能有機會開通的道路嗎？還是返回旅館另做打算，剛好我們下一個目標正是佛教聖地盧賓尼（Lumbini），聽到路上有僧侶遇害，這叫人不擔心也難。

一對當地情侶正慌張地詢問巴士狀況，看來今天一定非搭上車不可，當他們露出鬆了一口氣的表情時，我們也趕緊上前了解，他們說其實情況沒有想像中的嚴重，盧賓尼是一個安全祥和的地方，而且或許可以不用等上一天，前面村子裡的轉運站就會有空出來的巴士補位可以上車了。

折騰了一上午，好心的情侶順利地為我們指引到了正確的轉車地點，還安排我們在餐廳裡用餐等車，更提醒服務生如果看到巴士記得通知我們上車，這突如其來的溫暖消除了我們一早的擔憂，我們正吃著不像春捲的春捲時，服務生禮貌性地通知：

「先生，小姐，你們要前往盧賓尼的車已經來了。」

我們幸運地很快就成功補位上車，而且一點也不擔心車子的目的地是否正確，因為整輛巴士上除了幾個便服旅客外，全坐滿了穿著袈裟的小和尚，剛好是那種最難掌控的年紀。

§

雖然上了車，但可能是路上的交通狀況還沒有解除，巴士遲遲不肯出發，我們都開始覺得無聊，更別說那些躁動的小和尚了。要不是他們的光頭和袈裟，讓車上的色調平和了些，吵吵鬧鬧的景象，就像坐滿小學生的戶外教學觀光巴士，年紀小的被年紀大的欺負，憨厚的被調皮的戲弄，車上亂成了一團。

下一個瞬間，小和尚們突然像是中了緊箍咒般的全部乖乖坐好，原來前方車門探進了一個大和尚的頭，看了看車上狀況；但當大和尚再次離開車門時，坐立不安的小和尚們又開始了下一個惡作劇。

還沒有發車，這是一個漫長的等待。小和尚們在車上將不智慧的手機玩膩了，就偷偷跑到車下的水果攤買葡萄當零食；零食吃飽了，就把剩下的葡萄當作砲彈開始了葡萄大戰，葡萄是有限的，但小和尚們的好奇心卻是無極限。

「來了！」我憋著笑意叫著正看著窗外發呆的M。

最皮的那個小和尚掩著椅背偷偷摸摸地露出了那對大眼睛在偷看著我們，那不是一個好的掩護，因為半個大光頭就像日升日落般，在我們前方的椅背上起伏。

我也剛好玩手機玩到發慌，就開始了與小和尚的對眼遊戲，這就像你拿出了香蕉和可愛又調皮的小猴子示好時，其他的小猴子會蜂擁般加入，椅背上很快就開始出現了像打地鼠遊戲機的盛況。有小和尚開始請我們吃葡萄，有人湊過頭來想看看我的HTC手機，更有小和尚放大手機音樂的音量，跳起滑稽的舞步。

巴士終於發動了，我們一路上玩起了各種遊戲，M發揮所長教起了帶動唱，我使出了小時候哄女孩的小魔術，比手畫腳說說笑笑的，就算他們完全聽不懂英文，我們完全聽不懂尼泊爾文，大家還是笑成了一團。

那是一段不算短的路程，打發時間的手機和MP3早就沒電，當我們回過神時天已經黑了，巴士到達我們下車的地點，和小和尚們道別後，再向前方的大和尚致意。大和尚笑容滿面地說我們與他們非常有緣，很高興認識彼此，他們就住在園區內的廟宇中，在我們造訪盧賓尼的這幾天，歡迎到

左：佛祖出身地旁，傳說中的菩提樹。

廟中參觀。我們依依不捨地道別後，終於開始了盧賓尼之旅。

§

這裡是個神奇的小鎮，我們觸碰到了佛陀出生的宮殿，遇見了佛陀參悟的菩提樹，更看到形形色色的信徒們，正虔誠地為愛他們及他們愛的人合十祈福。我們兩個其實都不算真正的佛教徒，但那幾天我們真的有感受到佛家的溫暖。

待在盧賓尼的最後一天，我們想起了與大和尚和小和尚們的拜訪約定，但園區除了佛陀遺跡之外，還有二十幾座各國教徒們捐獻建造的廟宇，道別那天我們完全忘了大和尚告訴我們的廟宇名稱，於是一大早就開始了環遊世界之旅的盧賓尼廟宇環球世界之旅。

我們走訪了中國廟、柬埔寨廟、韓國廟、英國廟、日本廟、法國廟……，一開始還悠閒的遊刃有餘，但等到接近下午五點的閉園時間時，我們開始著急了，四處見到僧侶就問認不認識一群前幾天有離開過園區的小和尚，結果都沒有得到我們想要的答案。

我們開始有點心灰意冷，看著手錶顯示四點五十分，只剩下十分鐘，看來沒有機會再見到那群調皮的小和尚了，怎麼可能跑遍了每一座廟宇，還是找不到他們呢？

「啊！有一座豪華的德國廟，我們剛剛是不是因為限制參觀人數而錯過了？」

最後一個機會了，不知道在園區裡奔跑有沒有違反規定，但不跑的話，絕對趕不上五點前到達。

終於跑到了，守門的僧侶在我們面前正關起參觀的大門，我們趕緊向前告知來歷和詢問有關小和

終於在德國廟裡找到師傅在旁邊不敢作怪的小和尚們。

尚的問題，僧侶笑笑地叫我們在門口等一會兒，終於，從屋內出現了幾個熟悉的臉孔。

他們不再像車上那麼皮了，在園區內就像乖孩子般害羞地對我們揮著小手，僧侶們特別開啟了大門，讓小和尚帶我們在德國廟裡走了一圈，我們拿出背包中為他們準備的零食作為真正的道別禮物，提醒他們記得要分給其他小和尚時，他們又露了出巴士上那淘氣的笑容。

或許這輩子都不會再相遇了，也或許可能會在某個世界角落、某輛巴士上再度偶遇，但能在環球之旅中遇到你們，我們真的很開心，我們真的很有緣。

旅途小彩蛋 ｜

杯水車薪

盧賓尼的四周找不到什麼像樣的旅館，畢竟是個四大皆空的環境，但也太空了吧！旅館內的熱水器壞掉，老闆一家人在中庭為旅客們燒著熱水，年紀很小的妹妹提著兩個水桶上樓，但要洗好一個澡至少要二十桶吧！阿彌陀佛。

撒上糖霜的約旦，看起來挺好吃的。

不著頭緒的中東

這已經超出語言障礙的問題了，自認吃遍東西南北的台灣人，竟然也會碰到完全沒有概念的食物，有點像是西方人碰到豬血糕時的困惑，沒有麵，沒有飯，沒有漢堡，也沒麵包，甚至連雞肉、牛肉、魚肉都沒有。

——M

我們的飛機順利降落在約旦的安曼（Amman）機場，但心情卻有點忐忑複雜，因為到目前為止，我們對於中東國家的認識大概就只有阿里巴巴與四十大盜的等級吧！

機場的入境大廳裝潢得非常簡單，大多是當地人而不是遊客，看看落地窗外的天氣開始下起了一點小雨，整個現場氣氛非常不適合興奮地大叫「約旦我們來了」之類的標語。戰戰兢兢地觀察四周，深怕一個無知的舉動造成了莫名的誤會，突然間，H不小心與一個荷槍實彈的警衛大叔對上了眼，對方高大威猛表情嚴肅，還擁有著滿嘴H一輩子也長不出來的茂密落腮鬍，正當H想裝沒事默默把眼神飄掉的同時，大叔擠出了魚尾紋露出了燦爛的微笑說道：

「WELCOME TO JORDAN!」

我們兩個瞬間豁然開朗，原來一切都是自己嚇自己，辦理手續時海關人員非常地客氣，通關的速度快到以為是在飛國內線，正式開啟了旅遊模式的我們，開始對四周的事物感到興奮好奇，直到走到換匯櫃台算出那驚人的幣值時，才又開始恢復一點理智，準備接受造訪新國家的挑戰。

就像參加電視節目突然拿到挑戰卡一樣，第一個挑戰竟然就在手扶梯下，剛剛窗外的小雨居然已經變成了大雪，不同於在喜馬拉雅山遇到的那種會造成行走困難的小雪，這是一場根本不適合出門的大雪。這裡不流行捷運和接駁巴士，大部分的交通就靠計程車，受過印度討價還價訓練，我講到一個好價錢，叫H趕快上車。

路上的景色真的出乎意料，印象中黃澄澄的中東竟然變成雪白的顏色。司機大哥說我們竟然能挑到一年可能只有三天的大風雪日子造訪，算是非常幸運的。我們笑笑回應，繼續瞪大眼睛看著窗外陌生的畫面。

冬天的死海

抵達旅館時才下午四點，但天色已經有點昏暗，突如其來的低溫讓我們兩個熱帶來的旅客有點受不了。客房內的空調沒有暖氣，拿好盥洗衣物的我走到浴室門口，才看到熱水只限早上的告示，看來遇到了地雷旅館，但實在冷到連抱怨的精神都被凍僵了。我們翻出背包內所有的保暖衣物包上，坐在床邊看了看機場拿的旅遊地圖；按按電視遙控器，不意外地也壞了，手錶時間才剛好下午五點整，不管了，關燈睡覺吧！

§

舊城區的街道被溼冷的天氣布置得有點冷清，大雪覆蓋著大街，讓不少的店家乾脆暫停營業，覓食中的我們有點不知所措，直到經過一個不起眼的巷口，一間被等待外帶的客人包圍的餐廳吸引了我們。

事實上那稱不上是一間餐廳，比較像菜市場旁的那種陽春麵小館。很幸運地找到了兩個位置坐下，四周完全沒有遊客的跡象，使我和H的出現顯得有些突兀。當下興沖沖地認為這才是最棒的體驗！於是跑著去點餐，但馬上又默默地走了回來。

「我完全不知道該怎麼下手……」我有些喪氣地對H說。

這已經超出語言障礙的問題了，自認吃遍東西南北的台灣人，竟然也會碰到完全沒有概念的食物，有點像是西方人碰到豬血糕時的困惑，沒有麵，沒有飯，沒有漢堡，也沒麵包，甚至連雞肉、牛肉、魚肉都沒有，只好硬著頭皮對著看起來像食物的東西指指點點，碰碰運氣。

下著雪的首都安曼，顯得特別冷清。

店員上菜，端來一碗被油浸泡的白色黏稠物、一碗被油浸泡的紅色黏稠物、幾片大餅和幾顆炸肉球。東張西望了一下當地人的吃法，那兩碗謎樣黏稠物是沾醬而不是湯，差點就去找湯匙挖來喝了。我們從最熟悉的大餅開始下手，撈起了白色沾醬放入口中。

「這沾醬竟然是冷的！」我感到相當驚訝。

口感其實還不錯，白色的沾醬原來不是酸奶，而是豆泥，配上橄欖油和好多種香料一起放入嘴裡，對我們來說口感非常新鮮，但也說不上超好吃，畢竟在下雪天吃著冷食物的感覺，有點像是夏天去泡溫泉一樣令人困惑。我們趕緊又試了紅色的沾醬。

「哦！還是豆泥喔！」H用搞笑的表情說。

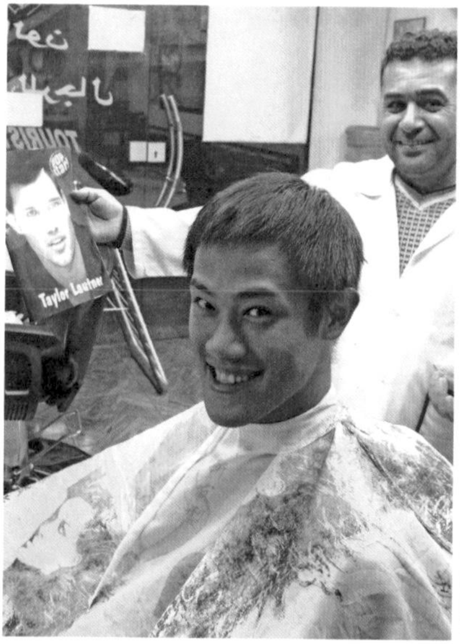

左：約旦理髮初體驗，應該看得出來H選的是狼人雅各的髮型吧……
右：讓我們吃得有點困擾的約旦小吃，但其實好像算是主食。

是不同口味的豆泥，跟白色豆泥的味道有些許差別，就像是印度餅一樣，有烤的、烘的，有加奶油、沒加奶油的，不熟悉這種食物的外國人根本很難區分。對於豆泥沒什麼研究的我們，只能嘴殘地說出「真是非常的豆泥喔」之類的評語，重點是天氣好冷，為什麼大家還要擠在這裡吃冷豆泥啊?!

只能把希望放在最後一盤會冒煙的炸肉球上了，我們都親眼看見它是現點現炸，沒有問題的，這個絕對好吃！尤其在這個又餓又冷的狀態下。H滿心期待的拿起一顆，溫度足以暖手，看來會是我們熟悉的食物，他一股勁丟入嘴裡狂暴地咀嚼著。

「靠！！！是蔬菜豆泥球！！！」H驚恐的表情已經不是在搞笑了。

這時我們同時感受到了旁邊有道非常

閃亮的目光正射向我們，一個穿著傳統服飾的大叔直盯著我們瞧，笑容滿面地問：

「Is it good?」

我們瞬間拿出大拇指，做出了一個非常客套的回應。

「Nice!」

鷹嘴豆泥餐果不其然是最正統的約旦國民美食，整趟旅程中都是它的身影，而且三餐如影隨形地出現。硬要我們用台灣的料理來形容豆泥餐對他們重要性，我們不會說是平民的滷肉飯，因為有一天我們殺紅眼想要來吃一頓好的，進入高級餐廳打開菜單，發狠點了一份羊小排後翻頁，我們看到更多價值不斐的高級豆泥餐……

陌生的約旦初體驗真是讓我們驚喜連連，積雪融化後的景色「中東」得很可愛，吃了好幾個禮拜的豆泥套餐其實也挺不賴的，對於陌生的事情有時候別急著反抗，全新的體驗都需要一點適應期的，不是嗎？

旅途小彩蛋｜

沒人下水，一定是冬天

自然科學課本上的死海原來就在約旦，超高鹽度的海水，漂浮起來很輕鬆，但還是令人很擔心，因為水不小心跑到眼睛就死定了。冬天的海水裡看不到幾個旅客，M的大姨媽來訪不便下水，只剩下H一個全身發抖的瘦皮猴扭捏地比著YA！

城堡小鎮

我們把自己想像成了城堡的主人，昭告著城池人民我們的幸運和感動；突然間，耳邊傳來了不只是風聲的回應……

——H

從剝落的磚牆也看得出來當年城堡的宏偉。

我們在前往卡拉克（Karak）這座小鎮的路上。

在約旦官方的觀光手冊上有稍微提到（大約是四乘四公分的版面），通常旅行團會把這裡當作一個半天的行程，因為它剛剛好位在兩座大城市的途中。

「看來卡拉克真的不是一個熱門的觀光景點。」我們打量著巴士上的其他乘客，除了我們兩個之外就沒有其他外國旅客了。當然網路上的資料也少得可憐，別說訂旅館了，整個小鎮，除了有座城堡之外，我們什麼都不知道。

為什麼還是決定要去呢？大概就是背包客的叛逆吧！但當巴士到站下車時，我們露出了叛逆青少年做錯事時懊悔的表情，四周的白雪還沒融化，我們停在一條公路的正中央，司機指指前方的山頭，那裡就是卡拉克了。

有點倉皇失措的我們被一個熟悉的聲音叫住，地中海的髮型，嘴唇上濃密的鬍子，壯碩的身材卻有一個啤酒肚，那是一路上坐在我旁邊的中年中東大叔，中東大叔可能看到了稀有的東方臉孔非常興奮，卯足了火力跟很怕坐過頭的我侃侃而談。而號稱人體翻譯機的M呢？整趟路程都處於昏睡的狀態。話題從在海軍服役學了英語，到退役後的游泳教練生涯，大叔還一時興起，在巴士上教起我正確的自由式打水。男子漢們聊天，當然不會錯過關於女孩們的話題，他講解著在海灘上與中東女孩的正確調情SOP，然後還神祕兮兮地叫我開啟手機藍芽，傳送了一首中東情歌，拍拍我的肩膀說：「到時候放這首歌就對了。」然後發出很厚重低沉的那種笑聲。

原來大叔也在這一站下車，他詢問了我們的旅館位置，我們說要到鎮上才要開始找，他又大笑了幾聲叫我們趕緊上車，說他表弟剛好在鎮上開旅館，還可以幫我們要個好價錢。

§

那裡完全沒有虛有其表，完完全全、扎扎實實的就是間簡陋旅社，第一眼看到有點令人害怕的那種簡陋，但只要習慣了浴室熱水的掌控技巧，並且和設計非常危險的烤爐做好朋友之後，日落低垂時窗外的動人景色，還是非常令人印象深刻的。

「快看！快看！窗外的月亮好大又好亮！」M興奮地說。

「呃，那其實是我們房間電燈的反射……」我冷靜地回答。

從制高點俯瞰整座城堡遺跡。

大部分觀光簡介做景點介紹時都會有點浮誇，所以當連介紹都寫得很平凡的情況下，是很難讓人非常期待的。帶著平常心前往我們唯一知道的城堡景點，入口就在旅館前方馬路的盡頭角落，我們討論著接下來的行程，心想這入口的規模，大概逛一、兩個小時就可以離開了吧。

「哇！」我們忍不住發出了鄉巴佬的驚訝。

那叫做景點入口的地方，其實別有洞天，根本就是一座真正的小城門！一個拐彎之後，城門內的城堡遺跡比想像中大得非常多。不知道是因為景點不熱門還是淡季的關係，整座城堡裡看不到其他旅客的蹤影。面對著超大的土黃色城堡遺跡，有種莫名的征服感，我們到處穿梭、攀爬，想像著每個房間和洞穴原先的故事，不時還有積雪和斷壁阻礙我們前進，像極了電影中冒險犯難的考古學家；但就算是考古學家，還是有童心未泯的一面，我們獻出了這輩子第一次的堆雪人經驗，而這經驗竟然發生在中東的古堡之中，酷斃了！

不得不說，這還不能算是最酷的，面對著斷垣殘壁，我們氣喘吁吁地終於爬上了城堡的高點，運動後的熱氣和冰雪融化的寒氣達到了完美的平衡。俯瞰整個遺跡時，我們把自己想像成了城堡的主人，昭告著城池人民我們的幸運和感動；突然間，耳邊傳來了不只是風聲的回應，伊斯蘭教午後的禱告時間剛好開始，整個城鎮響起了誦經禱告聲。我們停下了交談和嬉鬧，睜大眼想記住當下的每一個片刻，靜默了幾分鐘直到經文結束，原來這才叫神奇。

原先預計只在小鎮逗留兩天就離開，但能遇到神奇小鎮的機會又還會有幾次呢？當晚向旅社老闆表示要再住上兩晚時，老闆露出了「你們說的是真的嗎」的表情，這讓我們覺得有點驚訝又好笑，可能連老闆自己都覺得卡拉克小鎮只是個半天景點吧！

旅途小彩蛋 ｜

小心惡司機

準備離開城堡小鎮的我們預計繼續往南走，但卻碰上了一個可惡的計程車司機，隨便載我們到一個反方向的巴士站要我們下車，吵了半天還是把錢付給了地頭蛇，最後我們只好像笨蛋一樣，搭回北部再往南了。

沙漠小鎮裡，正中午的卻找不到半個路人。

紅色沙漠

石頭砌成的矮房有些斑駁，路邊停著的不是轎車而是駱駝，當乾草球像在嬉鬧般從面前滾過時，我們終於意識到——真的、真的站在沙漠當中啦！

——M

在抵達神祕的中東之前，我們絕對沒想到現在這一幕。一對大學情侶占著位子，分不出來是在調情還是念書（看得出來約旦境內與西方文化融合得十分融洽）。隔壁桌的穆斯林大媽正把一隻雞腿送進黑色面紗內，桌腳邊有個小小帥哥正睜著他那雙美麗的大眼，盯著面前的兩個東方人瞧。

我們正坐在連鎖速食店裡打著Skype，試圖聯絡下一個落腳的地點。斷斷續續的網路訊號，迫使我們死命地把頭往電腦前塞，希望對方能聽得清楚我們的聲音。在不斷鬼打牆的對話當中，我們「大概」聽到對方確認了預訂，心情非常亢奮，因為我們終於要前往印象中的中東場景，一望無際的瓦地倫（Wadi Rum）沙漠。

前往沙漠的巴士越換越小，跟著換車的旅客也越來越少，不對，眼看旅客只剩下我們兩個，看來是無法跟隨著人潮，輕鬆地找到指定地點了。雖然這樣的處境不是第一次遇到，但緊接著被放在人煙稀少的沙漠小鎮，倒真是頭一遭。公車司機突然靠邊熄火，所有人都下了車。說是「所有人」，其實也就是司機、我和H，總共三人。

雞同鴨講地向司機問路。他看了營區的名字，講了一連串我們聽不太懂的話，然後打起電話。我接過手機，話筒另一端傳來英語，原來司機是要推銷他親戚開的營區。我們非常婉轉地拒絕了，因為我們還需要跟他借電話，打給預訂的營區，車子外面可是連一個路人也看不到的沙漠。他表情略顯不耐煩，但還是幫了這個大忙，感激感激。

下車地點離營區老闆跟我們相約的位置還有一段距離，巴士在我們踏出車門的下一秒瞬間開走，看著四周杳無人煙、塵土飛揚的景象，我們卻忘記害怕。

「哇啊啊啊啊！原來這裡的沙是紅色的啊！」我興奮地大喊著。

搖到約旦瞧

石頭砌成的矮房有些斑駁，路邊停著的不是轎車而是駱駝，當乾草球像在嬉鬧般從面前滾過時，我們終於意識到——真的、真的站在沙漠當中啦！

抵達相約地點，背包才放下沒多久，遠方風塵僕僕地開來一輛小貨車，柏油路上的熱浪讓它看起來特別有氣勢，車子在我們面前停下，車窗搖了下來。

「哈囉！你們是Mengo和Hance嗎？」

探出頭來的，竟然是個看起來像國中生的少年，隔壁座的駕駛戴著雷朋眼鏡帥氣地向我們打招呼，但怎麼看也不過剛成年的樣子。我們上前搭聲，原來兄弟倆是受父親之託來接我們去營地的。我們跳上了後面的貨架，踏上了營區之路。

錯了，原來不是路，就在行駛在馬路上的兩分鐘後，貨車突然急轉衝出了馬路，朝向一望無際沙漠狂奔，好奇著他們怎麼在沒有指示的沙漠中準確認路，看著漸漸變小的城鎮，沙漠上越來越長的軌跡，面對著這樣的場景，內心想著就算今晚要在簡陋的帳棚裡餐風露宿也甘心了。

啊！又錯了，佇立在沙漠中的營區一點也不簡陋，帳棚搭設的客廳、廚房、臥室、廁所一應俱全，臥室內的擺設更是到了有點華麗的境界，鮮豔的波斯地毯鋪滿了地面，柔軟的大床加上溫暖的毛毯，躺上去會有一種被融入的錯覺，重點是整個偌大的營區，只有我們兩個客人啊！

「不能向床鋪認輸啊！快起來。」我拉起了被床鋪吸住的H。

§

左：我們的營區就是那沙漠裡突兀的存在。
右：兩個台灣俗和貝督因大叔一起吃喝聊天，度過奇妙的晚上。

我們走出帳篷，決定前往營區附近來個沙漠歷險，不敢跑太遠，因為我們電視看太多了，膽小怕事；聳立的岩壁配上紅色的飛沙，越靠近越感到驚嘆，但與其說是來探險的，不如說是來滿足我們幼稚的好奇心比較貼切。我們把自己幻想成了成龍，在《飛鷹計畫》裡尋找著寶藏（過於年輕的朋友請想像《神鬼傳奇》），看到巨大的石頭，就趕緊爬上去察看遠方營區敵方的狀況；看到陡峭的沙丘，就用帥氣的姿勢一滾而下，然後再一起坐在地上脫掉鞋子，倒出鞋裡造成行走困難的細沙。

太陽漸漸下山，夕陽伴著我們回到營區，玩完遊戲的小朋友回家急著找零食，坐在露天的帳篷下拿出撲克牌。年輕的兄弟加入了我們的牌局；漸暗的天色，讓遠方開來的兩台名貴吉普車特別明顯，下車的是兩位中年男子，穿著傳統的貝督因服飾。

也就是當地人的傳統服裝；

也就是牽著駱駝的遊牧民族；

也就是看到他們，像我們這種「台灣俗」會超興奮的那種人！

白色的長袍和紅白間隔的頭巾，像極了刻板印象中的石油大王。原來是營區的主人和他的兄弟，他們從車上端出了一盤又一盤的美食，準備跟我們一起共進晚餐。

晚餐後的熱茶，剛好適合驟降的溫度，跟著石油大王家族圍繞著火爐聊天挺溫暖的，小主人拿出了傳統鼓邊打邊搖擺，少主人端出了水煙，大家你一口我一口地分享著，是有點為難了真正的營區主人了，因為負責跟我們聊天的他，使出全力想聊一下有關台灣的話題，但最後還是說出了：

「YES！YES！YES！我記得，索尼電視都是來自台灣的沒錯」這樣的結論。

旅途小彩蛋 ｜

享受那夜晚

在沙漠裡的晚上溫度驟降，但我們可沒有窩在帳篷裡不出來，因為零光害的沙漠夜景可不是每天都看得到的，入夜的天空其實有點亮，營區基地變成了地面的剪影，我們坐在沙地上聊了好久，直到M打出第一個噴嚏。

首都三溫暖

半夜兩點，旅館房門口傳來了敲門聲，住慣了廉價旅店難免會碰到醉漢敲錯門的情況，當下倒也不以為意；但過了幾分鐘，敲門聲依舊持續，我們這才感覺有點不對勁，窗外好像有騷動……

——M

像很多人以為澳大利亞的首都是雪梨一樣，才疏學淺的我們在抵達土耳其前，一直以為有名的伊斯坦堡（Istanbul）就是土耳其的首都；沒想到「安卡拉」（Ankara）這有點陌生又好像聽過的名字，才是正解。而對於「首

灰濛濛的大城市也有美麗的一面。

都」的印象，不外乎就是全國的經濟指標和交通匯集的樞紐，下飛機剛抵達土耳其的前幾天，伊斯坦堡的繁榮讓我們兩個井底之蛙大開眼界，不免對安卡拉的樣子開始有更多想像和期待。

「建議你們直接坐夜車繞過，那是一個沒有什麼特色的地方。」遊客中心的小姐語氣平淡地說出了建議。

提到自己國家的首都，通常是誇獎和推崇，沒什麼特色這樣的形容倒是第一次聽到。看看旅客中心玻璃上的地圖，廣大的土耳其國土上，畫滿了各式各樣的小圖示來介紹當地特色，不管是傳統舞蹈的發源、五彩繽紛的熱氣球，又或者史詩《伊里亞德》中特洛伊木馬的位置，密密麻麻的好不熱鬧；但唯獨安卡拉這個城市，除了首都的標示外就沒有其他描述了。對於滿心期待、想看看土耳其到底發達到什麼程度的我們開始有點困惑，但背包客叛逆的血液再度燃燒，故意裝作沒聽過遊客中心小姐的建議一樣，決定眼見為憑。

§

買一張土耳其旅遊巴士票像在買飛機票一樣，各式各樣的巴士公司任君挑選，有的主打特大座椅，有的強推超快網路。在網路搜尋一下評價後，我們選定上車，這台賓士的外觀新穎亮麗，駕駛座的設計十分前衛，四周的按鍵多得像是戰鬥機，「嗶」的一聲，緩緩下降的自動遮陽板抵擋了西曬，給司機大哥一個完美視野。

在車上，盯著窗外的景色有些累了，笑容可掬的車掌小姐推著餐車經過，果汁、餅乾、小蛋糕

左：一份街上的kebab和一杯熱紅茶，是每天探險的活力來源。
右：熱情的拳擊教練與他的台灣弟子。

就都來一點試試吧。回想起在尼泊爾搭車，連腳下都被塞滿了活生生山羊的情況下，現在的享受，大概就是暢遊在巴士天堂吧！

然而從天堂下車之後的畫面，有點不知道怎麼形容，「這不是首都！這不是首都！這不是首都！」腦袋裡充斥著這樣的吶喊，四周的建築物有點老舊，看不出來有什麼特別發達，跟伊斯坦堡的狀況實在是差了一截，唯一跟首都印象沾得上邊的，大概就是匆匆忙忙走動的人潮了。

坐上當地公車前往市中心，不知道是不是天氣太冷的關係，車上乘客們冷漠的零互動倒是挺像大都市的，問了幾個乘客旅館區的位置，聳聳肩就繼續看向窗外。在有點慌張的情況下，一位帶著孫子的婆婆過來拍拍我的肩膀，示意我下車後跟著她走就對了。

不太會說英文的婆婆下車後也沒多說什麼，牽著孫子在前頭加緊腳步走著，揹著大包包的我們都快跟不上，一度懷疑她是不是誤解了我們的意思。婆婆突然在前方的小攤販停了下來，掏出銅板買下三個麵包，孫子、我、H各一個，用簡單的英文單字，大概是說：「還要再走一段路才會到，先吃點麵包填填肚子吧！」

婆婆突如其來的關心讓我們有點慌了手腳，接下麵包咬了一口，這大概是我和H吃過最美味的全麥麵包了。

§

都市人其實不是每個都像表面看起來那麼冷漠。真的找不到什麼事可以做的情況下，H異想天開地跑到旅館對面地下室的拳擊館想要報名，雖然完全無法溝通，教練還是熱情地答應讓我們免費上課，成為他台灣籍的第一和第二號徒弟。其他學員的家長看到有外國人來參觀，特別跑去買了幾盒傳統甜點，非要我們嘗嘗不可。好甜，甜到心頭裡了，甜到牙齒都有點痛了……，我們幾乎要判定安卡拉其實是個不錯的城市了。

「碰！碰！碰！」半夜兩點，旅館房門口傳來了敲門聲，住慣了廉價旅店難免會碰到醉漢敲錯門的情況，當下倒也不以為意；但過了幾分鐘，敲門聲依舊持續，我們這才感覺有點不對勁，窗外好像有騷動。

探出頭去，幾輛閃著紅藍燈的警車停在旅館門口，敲門聲又來了，詭異的氛圍讓人有些緊張，該不會是有罪犯闖入？還是其他房客發生了什麼事？

我躲到H背後，他小心翼翼地把門開了一個小縫，警察和旅館員工站在門口，什麼都沒有解釋就說旅館關閉，請我們換一間旅館，在五分鐘內要打包好行李離開，其他旅客也各自被請出了房間。大廳裡坐滿警察，盯著旅客們離開，但依舊沒有任何說明。我們就在下著雪、氣溫零下的天氣，穿著拖鞋被請到另一間旅館入住。到底發生了什麼事，到現在還是不太清楚；唯一有印象的，大概就是在慌張撤離時，晾在露台的衣服變成冰棍的荒謬吧！

不完美的旅程總是最令人印象深刻，我們記得旅遊中心小姐的建議，記得婆婆突然遞上的麵包，記得甜死人不償命的甜點；當然，穿過擠滿警察的旅館大廳，那盯著我們離開的一雙雙眼神，更是歷歷在目。在安卡拉的旅程有點像是泡三溫暖，忽冷忽熱的，心情也隨之忽上忽下。

我們沒有後悔這叛逆的決定，一切都是體驗，一切都是經驗。

喔！對了，唯一要記住的，就是想嘗試泡三溫暖的人，身體一定要夠硬朗，那晚的雪地之旅，讓H發高燒一整個禮拜。病懨懨的他，有天想去餐廳裡點碗熱湯暖暖身，沒想到這裡流行的soup，竟然是超有特色的冷湯啊啊啊啊啊！

旅途小彩蛋 |

旅伴缺席時

被請出旅館的隔天，不知道是因為換旅館時受涼，還是因為打拳擊不想輸給土耳其弟而用力過猛，H得了重感冒，抵達下個目的地後只有躺在床上養病的份。我除了照顧病人外，唯一的樂趣只剩看看樓下土耳其捲餅店的帥哥了。

一擁而上的綿羊海，車子們也得讓行。

奇幻小鎮的摩托車之旅

其實我們也不太確定正在往哪前進，反正沿著那個很像旅遊景點的告示牌走就對了；但路越走越小，坡度越走越大，身在陌生異國的緊張感來了，正打算回頭時，前方的景象又讓我們改變了心意……

——M

抵達卡巴多奇亞（Cappadocia）已經是傍晚了，這是一個以熱氣球行程聞名世界的小鎮，網路上一個關鍵字查詢，就會出現不少由高空俯瞰大地的照片；但相較起對熱氣球的期待，這裡奇特的地形環境更讓我們感到不可思議。

下了巴士後，旅途的疲憊已經被好奇心淹沒，四周高聳的石壁，像極了照過放大燈的螞蟻窩，有密集恐懼症的人可能要先迴避一下，因為卡其色的岩丘上，充滿了密密麻麻的大洞小洞，是那種會讓人忍不住想去摸摸看到底是什麼觸感的坑洞。大街上的居民穿梭其中，理所當然地成為了移動中的工蟻，而我們這兩隻新來的小螞蟻，幸運地被長得像休傑克曼的旅館老闆順路領回家睡覺。

很難想像在這個像是奇幻電影場景的小鎮中，能看到那麼寫實的東西，主街的中央一字排出來十幾輛速克達摩托車，準備租借給旅客；走近一看，竟然全部是來自台灣的光陽機車。看看四周起伏的山路，一旁的腳踏車就謝謝再聯絡了，索性就租一輛同鄉當作移動的交通工具吧！

我們看著地圖，正熟悉著小鎮四周環境，離開主街後來到一個廣大的公園腹地，這裡大概是某個熱氣球公司的起飛點，旁邊還有座只有兩匹馬的小牧場。

以遊客的標準來看，這裡完全算不上是一個景點，但對我們來說根本不在意，因為四周的石壁完全可以成為好奇寶寶們的自然攀岩場。我們在岩洞裡玩起了害羞的扮家家酒遊戲，自以為岩洞是前衛的隔間，很認真地討論著起居格局。找個採光好的單人間閉眼盤腿而坐，這時候竟然能想出扮演達摩祖師爺的畫面，也算是H獨有的幽默。

突然，一陣天搖地晃，連正在假裝發功的H也嚇了一跳，跑到岩洞外一探究竟，前方牧場的馬兒要趕著回家吃午餐，竟然有十幾匹雄壯的駿馬從更高的山坡上一股腦兒地衝了下來，這畫面意外地讓人覺得充滿中國色彩，因為H在一旁一直吵著：「喔喔！是八駿圖！喔喔喔！是八駿圖！」

大概又是淡季的緣故，路上的遊客不多，當地人也是三三兩兩，大道上的車輛更是屈指可數，一台小摩托車霸占整條大馬路的感覺挺過癮的。

其實我們也不太確定正在往哪前進，反正沿著那個很像旅遊景點的告示牌走就對了；但路越走越小，坡度越走越大，身在陌生異國的緊張感來了，正打算回頭時，前方的景象又讓我們改變了心意，一隻毛茸茸的綿羊從轉角走出來，然後第二隻也跟上了，第三隻、第四隻……，突然間，前方的道路被綿羊們占據，拿著木棍的牧羊人看到我們詫異的表情，笑得很得意。

暫時熄火，沐浴在綿羊海中，羊群的可愛模樣，洗去方才的不安，給了我們繼續前進的勇氣；但才前進沒多久，我們又驚呆了，一隻打扮華麗的大型駱駝就站在街口，披著五顏六色的花布基底，布緣誇張的金色流蘇更顯得氣勢非凡。牠披金戴銀的裝扮加上那對迷濛長睫毛，說不出的迷人；但蠕動著嘴邊肉，不斷咀嚼著稻草的表情，就顯得格外嘲諷了，彷彿在想眼前兩個歷盡風霜、乾巴巴的旅客，幹嘛一直看著牠似的。

§

路的盡頭是座峽谷，四周一個人影也看不到，但我們來不及感到緊張，因為這裡的景色熱鬧極了！不同種類的岩石堆積，風化的速度也不盡相同，火山岩組成的岩壁風化較快，變得細細長長的，但頂上的玄武岩卻還強壯地屹立不搖，背著太陽光的剪影，一座座小山峰變成了頂著高帽的紳士，面對面好像在舉辦高雅的茶會。不請自來的我們席地而坐，加入了他們。當然，有幾座山峰更像香菇而不像紳士，我們開玩笑地說：「原來還可以外帶零食啊！」

回到市區大街，找了一家咖啡店坐下來，位於制高點的位置，看得到整個小鎮，除了藍天白雲，還有一顆一顆的熱氣球點綴天空。太陽漸漸下山，熱氣球緩緩下降，我們再度騎上摩托車，跟下降的熱氣球來場追逐之旅，前座的H騎著車全速前進，後座的我對著熱氣球大吼大叫地揮著手，懸在空中的竹籃越來越大……

「啊！終於有人發現我們了！」那顆彩虹顏色的熱氣球，上頭的人也正朝著我們揮手呢！

我們也不懂在這裡騎台灣機車為什麼要配上德軍頭盔。

旅途小彩蛋｜

四國聯軍東亞聚餐

有一天晚上，透過也在當地旅行的台灣背包客艾娃穿針引線，竟然約到了來自台灣、日本、韓國、中國的四國聯軍聚餐，由在當地工作的兩位日本姊當東道主，日式炒飯加味噌湯，歐伊細內！

新年快樂

恭喜！恭喜！唯一做錯動作的竟然是身為台灣人的我。

繞了兩圈超市後發現，在國外買火鍋料還真不是那麼簡單，天真地以為只是煮個火鍋，應該不用上網作功課的我們，根本大錯特錯。青菜區除了高麗菜，找不到適合丟在火鍋裡頭的，想買個火鍋肉片在這簡直是不可能的任務。

——H

不管你去到多美的國家，不論周遭一切多麼新鮮有趣，但一到了年節時刻，還是忍不住發了瘋地用手指滑動著手機，好奇遠在家鄉的大家，今年在哪裡吃團圓飯，吃著阿嬤煮的哪一道除夕年菜?!

我們在小年夜的當天抵達了安塔莉亞（Antalya）這個南部大城，為了即將到來的除夕團圓飯，決定在刮著風、下著大雨的市區裡四處奔波，尋找一家除夕夜可落腳的中式餐館。但一路上一直碰到阻礙，一個多小時的車程，換來的是店家早就倒閉的壞消息，最近有營業的一間，卻在完全相反的方向。翻開地圖一看，那間餐館的位置竟已超過地圖的標示範圍！平常為了省錢，天天吃沙威瑪加薯條都沒關係，但是明天是過年啊！所以就算要頂著大風大雨，再花一個多小時的車程，也無法阻撓意志堅定的我們，執行今晚就要用筷子吃飯的決心。

當你拚了全力想要做一件事的時候，整個宇宙都會幫助你。公車上的土耳其叔叔阿姨先生小姐彷彿一眼就看穿我們的困惑，遞上愛心紙條，提醒司機我們要下車的地方，一再確認我們要前往的餐館地址；而我們所能回報的，只是用力微笑，嘴裡吐出一句不怎麼標準的土耳其語「謝謝」，表達感激。

終於，我們在晚上九點多抵達了目的地，店家還在營業，餐館的裝潢看起來挺時髦的，從布置上實在看不出主打的是亞洲哪個國家的料理；不過看到桌上的筷子和醬油罐，也算是夢想成真了。脫下溼透的外套，服務生馬上向前招呼並遞上菜單，果然，菜單上什麼都有，日式便當、泰式沙拉和中式炒飯等等，價格高得驚人，質量卻是……一言難盡，至少在小年夜花掉吃大餐才會付出的金額了。這相似又陌生的味道，讓人感到淡淡的空虛，年節的鄉愁更濃了。

§

深夜，細雨綿綿飄在空蕩蕩的街道，坐在返回旅館的公車上，累壞的兩個人靜靜地看著窗外的雨發呆，「明天晚上還是吃個大披薩慶祝就好了。」我淡淡地說。

就在睡覺前，M手機裡的WhatsApp傳來一封訊息，彷彿是闖關遊戲即將失敗前，抽到的最後一張翻盤機會卡。

「救星來了！救星來了！」

M在美國打工認識的土耳其好朋友歐亢，是一名飛機檢修員，必須在不同的城市和國家工作，在M告知環球旅行其中一站會是土耳其的時候，彼此都興奮地保持著聯繫。就這麼湊巧，歐亢明天將抵達安塔莉亞，可以和我們碰面。M立刻向歐亢提出除夕夜想找個廚房，做年夜飯過年的想法。求救訊號送出半小時後，傳來了好消息：

「我的好朋友尤金，家就在附近，他說歡迎來使用廚房，也想和你們見面聊天，一起過個農曆新年。」

明明是天大的好消息，但是兩個人卻莫名地緊張起來，環球旅行從出發到現在，我們還沒正式開過伙哩！沒想到第一次做飯竟然就是團圓飯，還要煮給土耳其朋友吃，真怕丟臉丟到外國去，但既然人家廚房都借好了，硬著頭皮也要煮啊！

下午和歐亢開心碰面之後，來到大型超市開始採買。經過一番討論，我們決定打保守牌，就做火鍋吧，失誤率小又能達到圍爐的氣氛。

繞了兩圈超市後發現，在國外買火鍋料還真不是那麼簡單，天真地以為只是煮個火鍋應該不用上網作功課的我們，根本大錯特錯。青菜區除了高麗菜找不到適合丟在火鍋裡頭的，想買個火鍋肉片也簡直是不可能的任務。忙碌了一個多小時後，推車上塞滿了所有我們認為吃火鍋可能要具備的材料外，還加上了一個全新的大鍋子，希望能在視覺上增加一點氣勢。一旁的歐亢看著滿出來的推車嘖嘖稱奇：

「農曆新年對你們來說，真的是很重要的節日吧！」

§

這個除夕夜，吃到了令人驚喜的年夜飯，一個不道地的火鍋配上過熟的牛排，看著歐亢和尤金一手抓著麵包，一手努力試著用筷子吃火鍋的樣子，口中還很捧場地一直說好吃，真的讓第一次下廚請客的我們都不好意思了。

「下次你們來台灣，一定帶你們去吃真正的火鍋啦！」主廚M真的很怕砸招牌，不好意思地向兩人解釋。

除夕夜大餐，就在新朋友和舊朋友的熱情幫助下達成了，雖然火鍋不完美，但飯後第二回合的土耳其紅茶圍爐大大加分，說笑聲劃破了寧靜寒冷的安塔莉亞。離開前，大家很應景地坐在沙發上，以標準的恭喜發財手勢拍了喜氣的團圓照，祝福身邊的人都心想事成，遠方的家人朋友們都平安健康。

「Gung-Shi-Fa-Tsai，紅包拿來！」

旅途小彩蛋 |

道地生活味

吃完了零零落落的年夜飯後，我們四個人坐在客廳聊天，尤里拿出來了一壺土耳其紅茶，一杯、兩杯、三杯……至少喝了五杯以上。歐亢和尤里說這就是土耳其人的生活，我開玩笑地說這是台灣老人的生活，而喝上癮的M則說：再來一杯！

在橫跨歐亞的大橋上釣魚，是當地人每天的樂趣之一。

金色的伊斯坦堡

歐亢媽媽可是扎扎實實的土耳其總鋪師，有著辦桌宴客的主廚實力。餐餐吃最便宜沙威瑪的我們真的是有口福了！醃漬甜番茄、馬鈴薯起司、烘烤牛肉丸、蜜糖香蕉還有三、四種不同口味的新鮮橄欖，眾多美食排山倒海而來……

——M

有人出國想要一睹世界奇觀的風采，有人出國想要享受居高臨下的奢華，有人問我們出國想要得到什麼？我們想要體驗當地最真實的感受。

離開土耳其前的最後一週，我們回到

了伊斯坦堡，陰雨綿綿的天氣呼應著有點不捨的心情，歡樂的時光總是過得特別快，又到講掰掰的時候了。我們抓緊時間，穿梭在傳統市場內，聞著稀奇古怪又五顏六色的香料直打噴嚏，頭頂上一張張高貴不貴的手工地毯，看得心癢癢，徒留帶不回家的遺憾。

在吵雜的人群中，手機突然響起，好客的當地好友歐亢竟然特地請假飛回伊斯坦堡，約我們到他老家作客，他母親要自下廚，請我們吃頓正統的土耳其大餐，為我們餞別。

但台灣人容易「歹勢」的個性出現了，想到過年時已經麻煩過他一次，這次還特地為我們請假飛回來，現在又要闖到他家打擾他的父母，實在有點過意不去。

「你們都飛過大半個地球來到我的國家了，我只飛了幾個城市回來送你們一程，哪有什麼麻煩？何況我跟我爸媽說好了，他們興奮得很，我們家裡從來沒有外國人來作客過，更別說看過台灣人了！」歐亢說出了完美的理由，讓我們實在找不到不去的藉口。

隔天早上，我們坐著渡輪來到市區的另一頭，遠處的歐亢向我們揮揮手，連計程車都招好了，在等著我們，幾十分鐘的車程，我們已經離開繁華的大街，一間間充滿人情味的雜貨店和小菜攤，絕對不是參加旅行團看得到的景象。這時候拿出相機拍照實在有點土，我們瞪大眼睛記錄著這一刻，而老實地歐亢正盡全力地介紹一個個不太像景點的景點。

搖到土耳其瞧

能有機會拜訪到正統的土耳其家庭實在是太幸運了，一切平凡地好有土耳其味。索尼的液晶電視旁有傳統的暖爐，普通的木頭層架上擺著工藝非凡的土耳其泡茶組。歐亢的爸爸媽媽早就準備好餐具，等著我們到來，他們的英文就像H一樣不太輪轉，但在比手畫腳當中，還是能感受到無比的熱情。

§

外出的妹妹也回來了，有點害羞地跟我們聊了起來，突然旁邊的房間跳出一個身影，原來歐亢有位還在念國小的弟弟，他開啟了電腦音樂，大跳著江南大叔的騎馬舞歡迎我們。由於太幽默了，我們也不好意思掃弟弟的興，解釋我們其實不是韓國人的事實，而歐亢依然在一旁非常正經地幫我們翻譯每一句他爸媽想要說的話。

§

餐桌上的餐點，看起來不太像一般人家裡會出現的擺盤，一問之下才知道，歐亢媽媽可是扎扎實實的土耳其總鋪師，有著辦桌宴客的主廚實力。餐餐吃最便宜沙威瑪的我們真的是有口福了！醃漬甜番茄、馬鈴薯起司、烘烤牛肉丸、蜜糖香蕉還有三、四種不同口味的新鮮橄欖，眾多美食排山倒海而來，識相的我們知道，到長輩的地盤作客，絕對不能說出「吃不下了」這種沒禮貌的話，正所謂兵來將擋，水來土掩，就讓我們吃到肚子爆破吧！別忘了續一杯濃而不澀的土耳其紅茶，那連日來已熟悉的鮮紅色，再次撫慰了我們澎湃的肚皮。

上：M成功秀出噴火龍絕招。
下：與歐亢一家人合照。

午餐接連著下午茶，終於到一個段落了，H提出去街上踢足球的想法，說這是到目前為止，整個土耳其之旅中最遺憾沒參加到的行程。每次坐著遊覽車，看到小孩們在街道上開起自己的世足賽時，都好想跳下車去湊一腳，正經的歐亢馬上說他有個熱愛足球的表弟就住在附近，拿起手機撥號，當起我們的神燈精靈，不到十分鐘的時間，帥氣的表弟果然拿著足球出現，歐亢的妹妹和弟弟也換上了運動鞋要跟我們一起出發。

隔壁的一條巷弄非常適合當街頭足球場，就是有台車停在旁邊有點礙眼，我們問若不小心踢到別人的車子，會不會不太好，歐亢搖搖頭說：「沒關係，是認識的。」我們正狐疑地猜測是什麼意思，旁邊的人家已開啟了大門跟大家打起招呼，原來這裡是歐亢的大伯家，小表妹也跑出來要跟我們一起玩。才剛要開始分隊，卻有越來越多人出現在小巷內，歐亢的所有親戚全跑出來看台灣人了，球隊的聲勢也越來越壯大，叔叔、阿

巷口足球賽後的職業級合照。

姨們都來一起踢球。

十幾個人裡面只有帥氣表弟看起來真的會踢球，表妹踢不到球就到旁邊哭，歐亢踢幾分鐘就累得氣喘吁吁，而穿著健行登山鞋的我們，追球的滑稽樣子，更是搞笑到了極點，反正這麼好玩，誰在意呢?大家硬是留下一張帥氣的球隊照，為這場街頭足球吹響比賽結束的哨音。

我們與歐亢用一個深深的擁抱作為道別，對H而言，這幾天的經歷讓他多認識了一個土耳其哥們，雖然H一直笑他太認真；對我而言，在美國打工後告別多年還能再次相遇，是多麼難得的緣分。道別時還是忍不住掉下了眼淚，但別擔心，我們還是會再見面的。

走回旅館的路上，我和H已經開始想念這一個月的土耳其之旅了，討論著每一件大大小小、有趣、恐怖、無聊的事情，回憶著對我們不懷好意、又或者無條件幫忙的每一個人。當然，特別是歐亢一家。

黃色的路燈開始變得刺眼，黃澄澄的伊斯坦堡，瞬變成了耀眼的金色。

旅途小彩蛋 ｜

網購失策，荷包失血

我們決定在前往非洲前買個長鏡頭寄到土耳其來，為了撿便宜，選擇從台灣寄過來的策略完全錯誤，搞好幾個禮拜還拿不到東西，雞同鴨講的對話更成為夢魘，最後還是付了跟鏡頭價格一模一樣的關稅，才拿到包裹……

CHAPTER 2

穿梭在文明與自然之間 歐洲×非洲

熱情的專業舞者，即使在冷氣房內，也能感受到她揮汗的熱力。

佛朗明哥的浪漫

我們坐在舞台正前方的好位置，看台上的男女舞者揮汗淋漓，彼此的眼神交會，就像是熱戀中的男女，打得火熱；每個踩踏和旋轉之後，如果接著熱吻的話，好像也再自然不過。

——H

西班牙的浪漫，老實說我們在首都馬德里沒有找到，四周佇立著華麗的歐式建築，卻帶著大城市濃濃的商業氣息，這真的沒有什麼不好，只是在探索陌生街道的時候，我們又被ZARA的精美櫥窗擺設給吸引進去了，當你穿著黑麻麻的

OUTDOOR夾克配上厚重的登山鞋，面對三層樓高的最新款秋冬商品，發現自己完全沒有預算可以下手的情況下，那就是該趕緊離開的時候了。

西班牙的巴士沒有土耳其的貼心服務，車站內全西班牙文的標示也造成了我們一點困難，透過一位西班牙文流利的美國女孩幫助，我們順利來到了南部的山城格拉納達（Granda）。

在昏暗的日光燈照射下，巴士總站讓我們留下非常普通的第一印象，但M雀躍的心情卻默默地從嘴角滲出了，因為我們即將在這裡完成她從小到大夢寐以求的心願，前往超純正的佛朗明哥舞蹈學校來一場性感律動。

通常會前往舞蹈發源地學習舞蹈的不外乎兩種人，一種是為了精進舞蹈技術的舞蹈老師，另一種就是真正熱愛舞蹈的藝術家了，當然，我們兩種都不是。M在國小的舞蹈比賽時，接受同學媽媽的指導，學習過一點基礎的佛朗明哥，雖然比賽結果被我自編自跳的鍾漢良熱歌勁舞給打敗，但已經無法抹滅M對佛朗明哥的嚮往。每當在電視上看到相關的表演，M就會裝模作樣地跟著比劃比劃，還會順口笑我說：「你現在還敢跳你自己編的鍾漢良嗎？」

§

和大城市的舞蹈工作室果然不同，學校隱藏在民宅的深處、山城的頂端，方圓百尺內只有一家小小的雜貨店，校園散發出的高傲氣息，讓人相信這絕對是夠純正的舞蹈學校了。刷了卡、填好了報名資料，期待著開課又有點慌張的情緒包圍著我們，因為我和M赫然發現，我們闖入了一個臉上寫著「我們都是專業舞蹈老師」的群體當中。

我們被安排住進學校提供的住宿小屋，房內擺設有些擁擠，沙發前方就是餐桌，而廚房爐具和冰箱也剛好包圍著餐桌，空間運用上也未免太過淋漓盡致。幸運的是，這兩個禮拜剛好只有我們兩個學生入住，原先的擁擠感變得溫馨。當夜幕低垂，開啟了起居室那盞唯一的黃燈時，真的有點像是住進哈比人小屋的幻覺。

§

藝術的領域果然艱深有趣，老師用專業熱情指導著我們兩個門外漢，舞蹈細胞普通的M不得不承認，國小的基礎沒有幫上她太多的忙，慌了手腳的情況，在課堂上一再的發生，但她總是能成功的在每個ending pose上做出了她認為最有氣勢的表情。年少時當過Hip Hop囝仔的我，在開課前一直不斷放話：「跳舞很簡單，沒問題的。」現在回想起來真的有夠白痴，想用街舞的底子跳佛朗明哥？還是乖乖地從打拍子開始學起吧！

越級打怪的下場，讓我們對於佛朗明哥越來越陌生了，前排示範動作的老師，雖然就站在我們前方，但看起來卻像是有著十萬八千里的距離，落拍的落拍，忘動作的忘動作，在我們心死之前，老師給了一顆救命仙丹：

「佛朗明哥說穿了就是一支性感的熱情之舞，想跳得好，就得要融入進去，有空去看看山下舞者的表演吧！」

左：西班牙舞學校就坐落在山城裡的半山腰上。

山城中的小徑，是我們每天上學必走的道路。

我們坐在舞台正前方的好位置，看台上的男女舞者揮汗淋漓，彼此的眼神交會，就像是熱戀中的男女，打得火熱；每個踩踏和旋轉之後，如果接著熱吻的話，好像也再自然不過。隨著木箱鼓和響板的節奏越來越快，舞者腳步更是猛烈，肢體更是延伸的誇張，女舞者圍繞著男舞者調情，男舞者又對著女舞者示愛，觀眾的情緒隨之高漲。對舞最後的高潮，讓我們的「BRAVO」第一次喊得如此自然，我大概理解老師在說什麼了。

§

離開這裡的最後一個早上，M興奮地大叫著，催促還在賴床的我趕快出來，拖著練舞後痠痛的雙腳打開大門，銀白色的雪花籠罩了整個街道，M滑稽地比著佛朗明哥的姿勢站在雪地中，我也不甘示弱地比劃起來。在笑聲中，我們打開冰箱，細細品嘗早午餐的臘肉和啤酒。

舞蹈的熱情或許還要再加油，但我們對於生活的熱情，可是頂級舞者的等級喔！

整個舞蹈學校只有我們兩個觀光客存在，但老師超配合我們的！

旅途小彩蛋 |

撿便宜，喝不上癮

西班牙的超市內，最便宜的飲料就是啤酒了，因此不愛喝酒的我們也養成了每餐「酗酒」的習慣，這是省錢的副作用。當然離開歐洲後，我們就輕易戒酒了，畢竟有甜的不喝，幹嘛喝苦的哩！

跟著西班牙的步調

莎拉看看手錶大概是下午一點半，點點頭，嘴裡呢喃著「應該開門了」之類的話，接著就用了一個急轉彎停在一家小酒吧前，笑著說：「既然時間還早，就先去喝一杯吧！」

——H

一個下午就享受了三頓Tapas配西班牙啤酒。

目前的住宿，眼看再兩天就到期了，但我們仍然悠閒地喝著下午茶，討論著要繼續停留還是要準備移動，打開谷歌地圖隨興地尋找著下個目的地，這樣的做法已經變成旅行中不可或缺的樂趣了。

「叮咚！」手機傳出了熟悉的提示音，M又被臉書吸走了注意力，我在旁邊碎碎念的叮嚀著趕緊繼續找，不然淪落街頭就不好了，但鍵盤迅速的敲打聲持續著，看來聊得挺起勁的，正當我要用凶狠的眼神穿破手機時，M大喊：

「就決定是你了，阿爾梅里亞（Almeria）！」

「聽起來還真的有點像神奇寶貝的名字，但除此之外，那到底是哪裡啊？」我問。

上：不要覺得這裡很荒涼，我們就住在這附近。
下：莎拉和瑪莉的媽媽招待我們最正統的西班牙海鮮飯！

「呃……我也不知道耶，但既然有人熱情邀約了，就去拜訪一下吧！」M回答。

莎拉和瑪莉是M在泰國清邁學習按摩時認識的一對姊妹，離別時一句「到西班牙記得來找我們」的約定，讓我們乘著莎拉的車，來到這陌生的城市一探究竟。

阿爾梅里亞是個純正的海港及工業城市，市區內不算繁榮，也缺乏了一點特色，加上天空不作美的關係，整個街道看起來灰濛濛的，不用問也看得出來，這裡不是個熱門的旅遊地區。

前往瑪莉家的路途上，大樓變矮房，矮房漸漸變成了荒野，原來他們住在離海岸非常近的郊區，是只有幾間矮房雜貨店的那種郊區。莎拉看看手錶大概是下午一點半，點點頭，嘴裡呢喃著「應該開門了」之類的話，接著就用一個急轉彎停在一家小酒吧前，笑著說：

「既然時間還早，就先去喝一杯吧！」

我們有點傻眼，心想：「因為才下午，還很早，所以要去喝一杯」的這個邏輯，在台灣應該行不通吧！

§

搖到西班牙瞧

進入酒吧，只有老闆和一位坐在吧台的阿姨，他們不是陌生人，因為小鎮真的很小的緣故，每個人都是莎拉的朋友。她開始為我們兩個遠道而來的客人熱情地介紹，開玩笑地說著這小鎮的人們，可能一輩子也沒看過台灣人的長相。一、兩杯黃湯下肚，莎拉很突然地說：「該離開了。」我們相當詫異，追問發生了什麼事情。

「老闆說店裡的人太少了，喝起來不好玩，決定要關門，一起去另一家喝。」莎拉用習以為常的口氣說著，看來又是一個台灣人無法理解的邏輯了……

當天下午，喝一家不夠又換一家，到另一家喝開了，所以再去下一家，我們一連去了三家酒吧，才回到瑪莉家放下行李。

與兩姊妹一起相處的幾天，我們真正感受到西班牙人的隨興生活，吃飯從來不用固定時間，想出去玩的時候也不在乎現在幾點，每天的行程當然也是在吃早餐的時候才決定。記得有天還沒想好行程，卻聊到西班牙有哪些特有動物時，瑪莉突然大喊，說是知道哪裡看得到西班牙特有的蜥蜴。

當下我興奮得以為是要到荒山野嶺裡來趟探險之旅，沒想到最後竟然前往了鎮上一家小旅館後院附設的可愛動物區；由於後院實在太小了，二十分鐘不到，就結束了冒險行程。

看看手錶，既然時間還早，那就先去喝一杯吧！

旅途小彩蛋 |

正統滋味在民間

我們向莎拉和瑪莉問起，西班牙哪裡才吃的到最正統的西班牙海鮮飯，他們毫不猶豫的就說：「我們家啊！」隔天我們就坐在莎拉和瑪莉的爸媽家了，M在廚房裡跟著媽媽學習，H則坐在客廳裡和爸爸雞同鴨講。

終於踏上了這片黑暗大陸。

黑色大陸

飛機開始下降，已經可以看到路上的車潮，四輪驅動的吉普車，終於不像在大城市內那樣突兀，……旅客們的高聲歡呼充分體現對非洲的期待，隨著空中小姐的指示，歡迎來到Discovery的世界！

——M

事先預訂非洲的行程在即，我們需要先離開歐洲一下去跟非洲會合，世界地圖一攤，歐洲的西班牙肯定是離非洲最近的國家，至少我們當初是這麼想的……

看著只能繞遠路抵達目的地的飛機航班時，總是會指著地圖，發出「這樣直直飛不就好了」的疑問，如果又剛好預算有限，需要買下時間很差的機票時，肚子餓和疲憊更是兩個邪惡的大魔王。

從歐洲的西班牙飛到中東的卡達，已經是凌晨一點了，等待四個小時的轉機調度，再飛到左下方的非洲肯亞，這是一張橫跨三大洲的機票，聽起來很划算，坐起來卻是真的很要命。其中最煎熬的莫過於在機場內的等待，面對著明顯比外面貴很多的餐廳前，猶豫著到底要為了省錢，忍到二個小時後的飛機餐呢？還是乾脆買一隻眼前的脆皮雞腿解解饞。但每次碰到這種情況時，通常我們會在上飛機的三十分鐘前破功……

§

睡成一片的機艙內照進了一道陽光，距離預定抵達時間剩下了最後一個小時，興奮的白人旅客們漸漸開始騷動，H也趕緊叫醒了我。朝窗外望去，我們發出驚嘆：

「哇！是真正的非洲大陸耶！」雖然有點土，但這真的是發自內心、從口中吐出的第一句話。

飛機由上向下看到的景象，像極了獅子王動畫裡的過場運鏡，荒涼的黃土大地上長出了形狀可愛的圓形樹木，我們驚訝的發現：原來小時候隨手塗鴉的大樹形狀，真的存在。

飛機開始下降，已經可以看到路上的車潮，四輪驅動的吉普車，終於不像在大城市內那樣突兀，一般國際機場旁的高架道路，在這裡也完全看不到。降落時的震動，震掉了長途跋涉的腰酸背痛，旅客們的高聲歡呼充分體現對非洲的期待，隨著空中小姐的指示，歡迎來到Discovery的世界！

我們降落在肯亞的奈洛比（Nairobi）國際機場，揹好了隨身行李依序下機，除了老舊了一點之外，這裡的一切都跟一般機場沒兩樣。倚靠著小桌子填寫入境資料，疲憊又回到了我們的身上，打了個大哈欠準備前往領取行李的大廳，向前轉了個彎後，我們的精神卻又來了！

眼前一整排的免稅商店絕對跟一般機場有很大的不一樣。怎麼機場裡面開滿了雜貨店呢?!店外吊掛著各式非洲動物的玩偶和卡其色的獵人套裝，店內卻堆滿了名牌大廠的香水、化妝品，櫃台上還有零售棒棒糖，可口可樂的冰櫃則佇立在角落。分類五花八門，物品琳琅滿目，每家店都有點像，又有點不一樣。我們東摸一摸、西玩一玩，和旁邊五歲的黑人小弟差不多，只差沒有跟在身旁的大媽打你手一下，喊著：Don't touch!

§

由於能在國內收集的非洲資訊有限，再加上對非洲有著無限想像，貪生怕死的我們，出發前決定將非洲安排為這趟環球旅程中，唯一參加旅行團的行程。看著接機的司機早就在大廳拿著我們的名字板等候，心裡不免有些放鬆。出關後的第一個動作，終於不是四處收集免費地圖和尋找旅客詢問處了。

上車後，司機告訴我們將前往第一個「營地」，等候出發。這是多麼非洲的一段談話啊！抿著嘴想忍住興奮的表情，看著車窗外的景色和行人，大家都在走路，在什麼都沒有的郊區走路；越接近市區，越來越多人在走路……

真的好多人在走路啊！大概就像晚上七點的台北市忠孝東路人行道一樣。司機解釋：大部分的人民無法擁有自己的交通工具，大眾運輸又不發達，步行還是這裡最普遍的移動方式。我們驚訝地看著車外的人潮，不知不覺間，就來到了目的地。

我們第一次了解所謂的「營地」不一定要在偏遠郊區，也可能就在市中心旁的轉角，一個拐彎，四周只有陳舊的店鋪及雜草廢墟，無所事事的青少年露出了潔白的牙齒，誇張地對車內的我們手舞足蹈地打招呼。車子停在一個不起眼的入口，按了兩聲喇叭，大片的鐵皮門緩緩地橫向展開，門內的保全拿著老舊的步槍駐守在警衛室前嚴陣以待。

不誇張，這樣的場景像極了侏儸紀公園的宣傳海報。

旅途小彩蛋 ｜

不能不精打細算

在行程出發前，團員們一起到肯亞的超市採買補給，一直以為可以在非洲當大老爺的我們錯了，原來當地的物價沒有比台灣便宜多少，買東西時還是需要反覆研商，可想而知，當地人的收入和支出有多麼緊繃。

非洲的模樣

說時遲，那時快，司機大哥放慢了車速，轟隆隆的聲響從左方傳來，頭上雙角像極了誇張中分頭的非洲水牛群，朝著我們的方向狂奔而來。

——H

前往馬賽部落與當地人來場跳高大賽。

第一天早晨，營區裡喧鬧得很，原來在這裡準備出發的不只我們一團，有的導遊比手畫腳，協助指揮交通；有的導遊東奔西跑，召集著團裡的成員。我們早就起床了，正興奮地與巴士合照，因為從外觀看起來，它根本是台改裝戰車，有著挑高的座位視野，龐大的收納空間，充滿酷勁的黑色烤漆更是一絕，這就是準備一路上陪伴我們的夥計啊！

車上大概有二十個座位，這一定是為了旺季準備的空間，因為當集合完畢後，我們整個旅行團的成員僅僅只有五個人，別說一人選個雙排位翹腳了，給背包選個好位子都綽綽有餘。導遊凱文試著在空蕩蕩的車廂裡帶個氣氛，但大家好像有

左：調皮的H正在嘲諷一旁的歐洲少女，
沒想到照片被當作封面，好尷尬！

www.africatravelco.com
www.onthegotours.com

點抓不住他的節奏，三兩片淒涼的落葉飄過，沒什麼反應，「That's Cool!」是他的口頭禪，就別管氣氛不氣氛了，先趕快上路再說。

非洲的景色很非洲，別懷疑，真的就跟電視裡拍得一模一樣，一條筆直的公路上沒有什麼車輛，馬路兩側的白線旁，長滿了一顆顆圓滾滾很搞笑的樹木，它其實是仙人掌，但卻長得跟大樹一樣高。一眼望去，可以清楚地看到遠方有幾座突起的山丘，形狀大概就是幼稚園小朋友在圖畫紙上，用一條綠色拱起的線描繪出來的一樣，廣闊的荒野沒什麼遮蔽物，但老天爺變臉快得跟翻書一樣，厚重的烏雲從頭頂經過，狂風暴雨的景象猛烈到有點令人擔心；二十分鐘過去，駛出了壞脾氣的黑色陰影，一條晴天與雨天的分隔線，完美地將大地分開成兩個世界，車上團員們一陣驚呼，窗外出現了兩條童話故事般的雙環彩虹。

§

在非洲，原以為路上的野生動物，會像探索頻道裡介紹的一樣，排山倒海地從四周竄出，事實上這種景象沒那麼容易遇見，這是我們兩個土包子得到的最新領悟。大部分的動物會聰明地避開邪惡的人類建設，但三不五時出現的落單斑馬和瞪羚，還是會讓人眼睛一亮。不過，排山倒海的景象我們才不會放過你呢！

野生公園保育區就是令人期待的地方了，換了一台小一點的遊園吉普車有點

搖到肯亞瞧

上：大象媽媽和小朋友正在鬧脾氣。
下：這就是爺爺奶奶來非洲的攝影裝備。

擠，司機大哥指指車頂的卡榫，打開粗糙的天窗後，柳暗花明又一村，如果換件米色襯衫、戴上圓頂帽，就跟卡通上的非洲探險家一樣了。相較起來，我們這團很明顯是非洲菜鳥，因為前面那台載滿爺爺奶奶的吉普車上，每個人的相機鏡頭竟然都比我們的手臂還長，大自然拍膩了，拍拍用鏡頭炫富的爺奶們也挺有趣的。說時遲，那時快，司機大哥放慢了車速，轟隆隆的聲響從左方傳來，頭上雙角像極了誇張中分頭的非洲水牛群，朝著我們的方向狂奔而來，四周瞬間塵土飛揚。當牛群衝過車旁，我們深刻了解到誤入牛群的獅子王辛巴有多麼緊張了，司機大哥慢慢移動車子，深怕驚動牛群，車上的乘客們紛紛用發現新大陸的眼神看著對方，這是個值回票價的一天。

牛群已經不能滿足胃口變大的我們了，體型巨大的大象家族、占地為王的擋路長頸鹿，讓我們的眼界已經快開到太陽穴了，拜訪完當地的馬賽人部落後，追蹤獅子王的行程正式展開。不過，期待下車徒步尋找的幻想是落空了，導遊拿出數據解釋野生動物的危險：

「昨天你們在河邊看到剛出生的河馬寶寶，就是非洲第一殺手，而現在要找的獅子，聰明人絕對不會輕易靠近。」

好吧，還是當個聰明人，坐著戰車去找獅子吧！

§

追跡的時間是漫長的，所有成員聚精會神地看著四周的雜草群，小小的風吹草動都令人大驚小怪，好不容易有個動靜，從草叢裡鑽出的，竟然是隻得意洋洋的胖疣豬，獅子真算是個藏匿高手，尤其要在跟獅子膚色差不多的乾草堆裡找到牠，實在是件吃力的事。就在我們瀕臨放棄時，司機大哥的對講機內傳出了其他車子找到獅子的消息，一個加速，我們很快地抵達了獅群聚集的地方，已經有兩三台車圍在那了，兩隻美麗的母獅根本沒有在躲藏，高傲地站在中央的大石上望著遠方，那身軀完美的弧度，在一步步移動間，更顯現得婀娜與霸氣；那一頭濃密鬃毛的公獅子去哪了？旁邊有棵小樹，牠大爺懶洋洋地在躲太陽睡午覺，只有那長長的尾巴擺呀擺的在揮蒼蠅，大家把手伸出了戰車的氣窗，試著離牠更近一點拍照，事實上我們的車子離獅群還有一小段距離，參加旅行團當然還是安全第一囉！

準備離開前，大家幽默地討論著，想近距離看野生獅子大概要雇傭兵了。這時，突然有台改裝的方長粗糙敞篷廂型車，慢慢開向獅群，越來越近，越來越近，連導遊都覺得這距離實在有點危險了，上方坐滿了深色皮膚的當地人，應該是保育人員或專業人士才有這樣的勇氣，至少我們當下是這麼想的，但眼看一隻隻拿著相機的手，朝著獅群的方向伸去猛拍，他們絕對是遊客！不是什麼專業人員！所有人看向導遊發出了疑問地眼神，導遊無奈的笑著表示：

「當地的旅行團大概認為獅子只會咬外國人吧！」他攤了攤手。

旅途小彩蛋 |

有什麼好怕？

我們前往當地的馬賽部落，團員被兩兩分配到不同的家庭裡拜訪，家庭主人拿出一壺神祕的自釀酒要給我們試試，原住民私釀的酒，我們早就見怪不怪，嘗起來除了有一點雜質之外還滿好喝的，但當我們回車上跟團員分享的時候，他們竟然用「你們竟然敢喝」的眼神看著我們，哼！你們這群膽小的老外。

第一次搭帳篷好傻好天真的H，後面的凱爾已經要搭好了。

露營這件小事

M小時候雖然有過幾次家庭露營經驗，但別說搭帳篷了，小時候連睡袋都是爸爸摺的，哪會記得怎麼搭？而我的露營經驗不能用「趨近於零」來形容，根本就是零。

——H

凌晨五點的鬧鐘響起，帳篷內還是一片漆黑，我們已經清醒了，但都希望這只是一場夢，昨天晚上的大雷雨，竟然還轟隆轟隆下著沒有停……

廉價旅行團的特色就是什麼都要省，什麼都要加價，除了交通必須有一台鋼鐵戰車帶我們走透透之外，吃的住的就得見諒、見諒了，搭帳篷變成了我們每天非常重要的固定行程。

「每天都能露營耶！」這是正面力量產生的話語。跟我們堅定的認為這是個完美的體驗，絕對不是因為預算有限的關係而需要吃吃苦。開玩笑，跟別人說在非洲旅行，晚上還住飯店，太不酷了，我們說不出口。所以我們就帶著這樣膚淺的驕傲，開始了這將近一個月的露營生活。

不過對於身為正統都市小孩的我們來說，露營是什麼？首先當然要有一台有四輪驅動、能搬山搬海、什麼都裝得進去的大車啊！沒想到門檻這麼高的第一個需求，我們竟然被充分滿足了，算是一個好的開始。

好的，再來你需要一頂高品質、大品牌、強而有力的帳篷，最好是輕量化材質，在組裝時可以省下不少力氣和時間；羽絨睡袋當然不可少，最好再加一層厚厚的充氣式睡墊，保證你夜夜好眠。然而幻想是美麗的，每當下午抵達過夜營區時，需要從車上扛下那一大包一般亞洲女孩根本搬不動的老舊帳篷，就是我們的一切了。

還好有我這個男性存在，每當需要紮營之時，就是展示男子氣概的時候！用那強而有力的雙臂，帥氣地將帳篷扛到空地，打開外袋拉鍊，然後……然後……該怎麼做呢？不知所措地看著那些帆布、支架和散落一地的營釘，這就是我們第一天下午的狀況。

M小時候雖然有過幾次家庭露營經驗，但別說搭帳篷了，連睡袋都是爸爸摺的，哪會記得怎麼搭？而我的露營經驗不能用「趨近於零」來形容，根本就是零。我的爸媽都是真真實實的都市人，這種凡事都需要親力親為的活動，已經不知多久沒有考慮過了。眼看隔壁阿姨和大姊組成的團隊都快要搭好了，我們還在思考鋪在地板的帆布哪一面才是正面。隔壁的澳洲壯哥凱爾看不下去，他早就已經搭好帳篷準備去酒吧，女友潔絲甚至坐在石頭上連忙都不用幫。沒有三兩下的功夫，凱爾就成為了我們搭帳篷的救星兼啟蒙老師，受教了。

幸運的是，在前一站西班牙時沒有不信邪，買下的貴鬆鬆睡袋起了作用。非洲的溫差有著「早上吊嘎vs晚上厚外套」的距離，而枕頭太占位，就躺在衣服收納包上好了。那睡墊怎麼辦呢？沒關係啦，草地軟軟的一定很好睡啊！

才怪，平坦的區域因為大家搶著搭，早就變成了光禿禿一片。有幾天我們嘗試搭在有點斜度的草地上，試著舒緩僵硬的

左上：被非洲蚊子攻擊成紅豆冰，依舊悠然自得的H。
左下：莫名其妙突然在路邊開始準備午餐的景象。
右：下雨天用垃圾袋做的雨褲，以及狼狽的早餐。

背；隔天起床不是腳麻掉就是腦充血，最後還是只能乖乖地擁抱泥土地。隨著經驗的累積與數次挫敗後的領悟，清晨一個舒爽的伸懶腰……

啊，背還是好痛喔。

§

好險我們的行程包含了伙食，不然要我們自己生火打獵，可能要餓到升天了還看不見火苗。車上的廚子會幫大家準備食物，在好幾天才會經過一次的市區超市，精準地購買食材用料。大夥帳篷還沒搭好，大火快炒、小火炭烤樣樣來，這就是真正的非洲專業露營人啊！有時候趕路的中午就更妙了，我們的戰車會突然在公路上某個莫名其妙的角落停下，大家七手八腳地開始搬桌椅打水，有人切生菜、有人切水果。想要吃一份簡單的三明治，一定要經過導遊的指揮，備料擺滿在桌上，看起來像豐盛的自助餐之後，大家才優雅地面對大馬路，開始用餐。這特殊的體驗完全免費，不用加價喔！

下大雨的那天，拆帳篷就像在打仗一樣，但對於露營經驗值大幅提升的我們來說，拆解速度之快，已經不是昔日吳下阿蒙了，一不小心動作太快，還成了其他團員的救世主。因為時間充裕，我們還自製了垃圾袋雨褲，搭配防水外套，意外地成為當日眾人追隨的流行指標。

旅途小彩蛋 |

頭路到哪都難找

跟車的廚子跟我們講了好多在非洲無奈的情況，他曾經為了找一份工作，每天到朋友工作的地點站崗，希望朋友的荷蘭老闆能給他一點機會，但萬萬沒想到，卻換來了公子哥的冷嘲熱諷，他早就不再憤怒，反而非常感恩現在的工作機會。

烏干達的小天使

H的鱷魚大嘴在教室裡竄來竄去，我則帶著小朋友們又跑又叫的吵成一團。那個當下，我覺得心跳跳的好快，但那是滿滿的快樂，滿滿的成就感。

——M

非洲巴士旅行的第五天，我們來到了位於烏干達（Uganda）的本尼奧尼湖（Lake Bunyoni）營區紮營。烏干達是非洲東部雨量最多的國家，前幾天的清晨重複著一樣的行程，一群人被滂沱大雨叫醒，狼狽地快速收拾行李，在大雨中卸下

老師一喊「跳起來」，所有小朋友就會瞬間打開開關。

帳篷，最後躲到車上享用溼答答的早餐。很意外地，在湖邊露營的這幾天，陽光普照，天空一片蔚藍，慵懶地躺在草地上看著眼前寬廣的湖景，平靜而美麗，令人有置身天堂的感覺。

一天早上，導遊凱文介紹了他的當地朋友「喬」給大家認識。喬擔任當地的地陪，負責安排湖邊的大小活動，他友善地介紹了湖邊的小鎮和當地的市集，一群人愉快地聊了一會兒。

「明天我要去拜訪附近的村落和當地的孤兒院，有興趣聽更多這裡的故事，和孩子們同樂的話，歡迎你們一起來，如果你們能教這些孩子一首童謠或歌曲的話，那就太棒了。」喬說。接下來的一整天，我們和車上的夥伴，都在忙著想歌曲、遊戲和翻找背包裡面有什麼小東西可以當作送給他們的見面禮。

隔天清早，我們跟隨喬的腳步前往山上的村落。一路上踩著狹窄的、混著泥巴的石子地，喬指著座落在湖的另一頭，形狀各異的小島，慢慢介紹著，慢慢說著烏干達的故事。

「很久之前，烏干達出現了一位非常殘暴的總統，他欣賞一位來自蘇格蘭的年輕醫生，用了各種手段讓這名醫生留下來，協助他決定國家的重大決策。慢慢地，醫生發現了總統的種種暴行，想盡各種辦法，才終於逃出了烏干達。這還被拍成了電影，你們有看的話，電影演的是真的。」那是我們來非洲前才在飛機上看的《最後的蘇格蘭王》！

搖到烏干達瞧

§

進入山腰上的村落，和活潑的烏干達奶奶的見面會，還真讓人臉紅心跳，不管是男生還是女生都逃不掉，害羞地被這位大笑起來看不到牙齒的老奶奶抓抓胸部、揉揉屁股，然後滿意地對著你豎起大拇指。喬表示，這是當地長輩對年輕人的關愛，她很開心，她說你們都有好的身體。

「喔！很好啊！我們都有好的身體。」

「啊！」我看著屁股上那一對皺巴巴的手，臉又紅了。

歡樂中尖叫連連的見面會終於結束，一群人繼續往山上前進，前方出現一塊木板招牌，上面寫著「Little Angel School」。

「我們到了。」喬說。

耳邊傳來小朋友們的歌唱聲，那應該就是小天使們的聲音了；團員被分成了三組，分別進入不同的教室加入大家。教室裡坐著大約二十個小朋友，牆上貼著簡單的數字和字母教學海報，孩子們在一位年輕男老師的帶領下，唱著一首首兒歌和手指謠，嘴巴很專心地唱個沒停，但小黑眼珠的目光，早就被我們兩個外國人吸走，充滿了疑問和好奇。

「好了！接下來想問問看我們今天的新朋友，有沒有歌曲或遊戲想和我們分享的呢？」老師笑笑地說。

我興奮地拉著H站起來，走到台前，簡單地和大家自我介紹之後，邀請老師和小朋友們通通站起來，開始玩起我當幼教老師時最受小朋友歡迎的遊戲「鱷魚和小船」。遊戲開始的前五分鐘，可

上：M站在課堂前駕輕就熟的樣子。

左下： 潔絲以為奶奶要擁抱，其實是掐屁股。右下：排隊領麵糊的孩子們。

能是小朋友們還在觀察，也可能是H的鱷魚演得太逼真了，孩子們欲言又止的模樣，看起來既害羞又緊張，只有老師最配合，笑得很開心；又過了五分鐘，漸漸可以看見小朋友們划船的動作變大了，歌聲也越來越有自信。

「Row, row, row your boat……」

太好了，小天使們終於也露出了笑容，但突破心防的副作用，就是教室裡變得亂哄哄地，H的鱷魚大嘴在教室裡竄來竄去，我則帶著小朋友們又跑又叫的吵成一團。那個當下，我覺得心跳跳得好快，有點像爾康載著紫薇騎馬的感覺，快要滿出來了！但那是滿滿的快樂，滿滿的成就感。

§

下課了，老師們召集全部的小朋友到草坪上跳舞，團員隨著小朋友們俏皮有趣的舞蹈一起搖擺，不由得佩服這些小天使們天生的律動感，上一秒還懵懂無知、傻傻的小朋友，但一被老師點到，就會馬上開啟專業舞者模式，那種律動感，我們可能練一輩子也不一定會達到。

除了舞蹈，他們擺動身軀時，露出發自內心的笑容，也是非常有感染力的。原本放不太開的壯哥凱爾，也搞笑地做出了滑稽的舞蹈動作。正當大家在熱舞的時候，後方有老師大喊：「點心時間！」我們冷靜了下來，以為要前往學校餐廳，但小天使們卻沒什麼動靜，只是靜靜地待在原地等待，老師們提著幾個藍色水桶，緩緩走了出來，孩子們自動拿著塑膠杯排排站，桶子裡舀出一杯杯白色糊狀的液體，那大概就是點心了，是類似米茶的麵糊水。

「他們目前的生活，離所謂的美好，還有一大段距離吧……」

經過各自評估討論之後，澳洲情侶檔決定一同援助領養一個六歲的小女孩Mercy，她將會接收到他們每年的捐款，並用寫信的方式讓他們知道她的生活和學習狀況，而我們和其他團員則選擇了直接捐款幫忙，至少能讓學校的餐點做點變化。

離別前，小朋友們衝上來和我們擁抱，有的團員拿出準備好的鉛筆送給他們，有的人吹起藏在包包裡的氣球，拍向天空，小朋友們又叫又跳地追著玩；至於我們，要從背包裡找到可以當作小禮物的東西，真是難上加難，一直負責監管背包物品進出的H，竟然拿出了他在西班牙巴塞隆納（Barcelona）猶豫好久才下手的唯一奢侈品——一顆黑白相間的正統足球，交給其中一位老師。雖然不是什麼了不起的東西。但看到小朋友們興奮地又叫又跳，看來是選對禮物了。我們簽上名字，送上這來自台灣的祝福。

回程我們沒有照著原路走回營區，而是坐上湖邊的獨木舟，任船夫慢慢地划著槳，帶我們回到原來的地方。太陽不再熱辣，寧靜的湖面隨船夫划水的動作奏起了樂章，輕柔地像是來自小天使們溫柔的祝福。

旅途小彩蛋 ｜

差點回不去

待在烏干達的營區時，我們興沖沖地招了摩托計程車來到市中心，才嘗了幾樣當地點心，就得準備回去集合。糟糕！我們完全沒記營區的名稱……當時真的有種嚇到冒冷汗的驚恐，好險我們在手機裡找到站在營區招牌旁的觀光照，不然就得在非洲度過餘生了。

眼前的美景和細白柔軟的沙灘，可以讓人坐上一整個下午。

哈庫那瑪他他

港口旁有著清澈見底的白色沙灘，岸上佇立著一棟棟石頭堆疊而成的古老建築，漁夫們扛著新鮮漁獲談天說笑……看慣了非洲大草原的我們，突然間眼睛為之一亮，原來非洲還有這樣的地方啊！

——H

參加便宜的旅行團總會有些風險，最怕的就是一直帶你去紀念品店消費，好險緊繃的行程安排，也沒太多時間停留，最多是休息站的廁所設在店家的深處，又或者是參加什麼特別的活動都要另外收費罷了；當然，這我們早就看得很開，能踏在非洲的土地上，對我們來說已經夠特別了，加價的事就讓它隨風而去吧！

一路上難免碰上了一些鳥事，但都還能笑笑地說出：「誰叫我們要找最便宜的行程呢？」來安慰彼此別受氣了。直到非洲行程的後段，碰到最後一顆地雷，我們還是忍不住爆炸了！

「到底是什麼樣的旅行團會把旅客丟在當地，讓他們自己想辦法回出發點呢？」M用嚴厲的口吻質問導遊凱文。

這已經不是加不加價參加活動的問題了，因為我們勢必得買兩張預料之外的機票，才能回到肯亞的奈洛比境內，繼續下面的行程。不太可靠的凱文打著太極，說他也是外包公司請來的，唯一能做的只有幫我們查查機票價格而已；但這個忙幫了三、四天，還是只得到「會找時間處理」的敷衍回應。我們終於認清了一件事：我們被擺爛了。

旅行團所安排的最後一個行程，是前往坦尚尼亞（Tanzania）旁的離島桑札巴（Zanzibar），那是一座擁有世界文化遺產的島嶼，加上四面環海和多元文化環境，如今已轉型成一個旅遊熱點。但回不了家，哪有心情玩啊！還在為機票擔憂的我們跟著其他團員登上了渡輪，苦惱地討論接下來的處理辦法，根本忘記了欣賞四周的美麗。直到渡輪鳴笛，緩緩到港，眼前的景象才讓我們忘卻了煩惱三十秒。

港口旁有著清澈見底的白色沙灘，岸上佇立著一棟棟石頭堆疊而成的古老建築，漁夫們扛著新鮮漁獲談天說笑；忽然間聽到了人群的驚呼，原來是當地的少年正表演著花式跳水，吸引了遊客的目光。看慣了非洲大草原的我們，突然間眼睛為之一亮，原來非洲還有這樣的地方啊！

搖到坦尚尼亞瞧

雖然說是最後的行程，但除了入住旅館時看得到凱文之外，團員們很快就被放牛吃草。當天下午四處奔走，好不容易找到沒什麼選擇的回程機票，為了購票的現金價優惠，我們從提款機領出厚厚的大筆鈔票，讓皮夾享受了五分鐘的富豪體驗，付錢時難免有些心痛。知道我們處境的旅行社老闆，笑笑地說出了《獅子王》裡的經典台詞「哈庫那瑪他他」安慰了我們，就像一句神奇的咒語般，我們的煩惱瞬間消失了，好啦，就是一種花錢消災的概念。

在島上的海鮮夜市裡望龍蝦興嘆的我們，遇到了壯哥凱爾，他興奮地跑過來問我們，有沒有看到路邊的海報，今晚有個全島最大型的滿月派對，就辦在他們升等入住的豪華villa裡面；我們只能支支吾吾地回應，體貼的他了解我們預算吃緊，馬上對我們挑挑眉說：

「這當然是個免費入場的活動囉！」

§

震耳的音樂響起，大概島上的年輕人們全都聚集在此了，不管是當地人還是遊客，都隨著DJ的音樂節奏忽快忽慢，搖頭晃腦的；趨近午夜，人潮完全沒有要散去的樣子，反而因為酒精下肚，人們開始越玩越嗨，尤其是壯哥凱爾的女友潔絲，因為喝醉了變得異常開朗，玩著模仿非洲動物的比手畫腳遊戲，大家看著壯哥凱爾擋不住女友的無奈表情哈哈大笑，舞台上DJ又放下了熱門的嘻哈音樂，當地的年輕人圍起了小圈圈，相互舞蹈Battle，其他旅行團的西方少年跳了出來，一陣犀利的地板動作炒熱了全場，接下來熱情的阿姨、愛秀的大叔也通通跳了進來，東方臉孔的我們成為圍

上：M和海龜先生合演海底總動員。
左下：月圓派對是真正的舞蹈Battle。右下：厚厚的萬元大鈔，擺在皮夾五分鐘就繳出去了。

觀者中最突兀的目標，中央的舞者極盡所能地挑釁我、逼我上台，我也極盡所能地婉轉拒絕，但同團的團員卻完全嚥不下這口氣，所有人一股腦地把我推上了中央——當然，M是推最用力的那一個。

我硬著頭皮使出了渾身解數，Poping、Locking，連不太熟練的地板動作也用上，應該有轟動全場吧！就在順利逼退幾個當地少年後，我氣喘吁吁的回到團員身邊，得到了英雄式的歡呼，「一路上看起來害羞的H，原來是個嗨咖啊！」大夥大笑的同時，又有人點點我的肩，要跟我對戰了……

沒有煩惱的旅行是美麗的，潔白的海灘更白了，黑人白人交錯的日光浴，看起來意外的有趣。少了團體行動的限制，我們找到了超便宜的海龜共游體驗，在月光下的戶外餐廳，享受只能點一客的小氣燭光晚餐，更衝進小村落裡的local小館，嘗試了蒼蠅爬滿全臉的最道地吃法。

坐在清澈見底的海岸邊，回想著滿月派對的瘋狂過程，雖然為了彌補痛心的機票錢，我們正啃著純正手工的鬆垮垮吐司，有點難以入口，但是「哈庫那瑪他他」，別擔心，一切將會雨過天晴。

旅途小彩蛋 |

狂野NO.1的濃度

非洲的啤酒品牌都很wild，犀牛、獅子、大象等等等，為了跟歐美團員們搏感情，紮營後通常會去喝點東西，大象啤酒是我們的NO.1，但是在島上的某一天，因為太陽太大，M猛喝了一瓶大象啤酒，然後整個下午就失去意識了。

在古色古香的廣場上，悠哉地踢足球。

出乎意料

鬆開領帶的上班族幽默地跟著音樂一同擺動前進，露天咖啡座裡有位大叔正搞笑地扭動身軀，逗得對面的阿姨笑得花枝亂顫。

——M

我們終於又回到了歐洲的懷抱，在西班牙短暫停留一天後，我們搶下了特價機票，準備前往葡萄牙的首都里斯本（Lisbon）。

「哇！快看四周的壁畫！」

機場捷運內牆上沒看到凌亂的廣告看板，而是由漫畫家彩繪的各式當地名人圖像，逗趣的表情和動作，讓我們對這個臨時選中造訪的國家，挺有好感的。

老實說，在環球旅程開始之前，對葡萄牙的印象其實很模糊，小時候的歷史考卷中，西班牙和葡萄牙總是出現在同一道題目內，H說這造成了他很大的困擾。紅毛城是誰建的？那赤崁樓哩？誰占領了滬尾？又是誰侵略了南部？在眾多的疑惑中，我們卻有默契的還記得一件小事，那稱台灣是美麗之島「福爾摩沙」的，絕對是葡萄牙人沒錯。雖然我們連到底是誰講的都不太確定，但小小的一個讚美，竟然對台灣人造成如此深遠的影響，想必是那位葡國船員始料未及的吧！

我們就帶著對葡國的未知及對葡國船員讚美的感謝，選擇了葡萄牙當作造訪國家之一……才怪！其實有很大的原因是聽說葡國的消費相對較低，為了平衡在西班牙的高消費，加上鄰近國家交通相對方便，其實這是在勉為其難的狀況下做的決定。

下午三點抵達了預定旅館的舊城區捷運站，映入眼簾的是寧靜的港灣及人煙稀少的街道，很難用什麼特別美的形容來描述對現場的感受，向前幾步來到了主要廣場，如果用充滿期待的遊客口吻來形容，除了滿大的腹地和滿像西班牙的感覺之外，應該就是有那麼點淒涼，一點也不像市中心的景象……

「不不不，我們現在是在歐洲，需要多一點浪漫，這裡一點也不淒涼，這是一種悠閒的感受！」我用玩笑的口吻提醒了H。

心態的改變好像真的可以影響生理，我開始用輕盈的步伐走跳著前進，身後的大背包好像都開始變得無感，H有點跟不上了，因為他拿的行李真的比較多喔！

§

旅館在大街旁的巷子，四周有超市和不少商家，位子相當不錯，但沒有招牌，看來是隱藏在住家裡的旅館，網路評價很高，希望別讓人太失望。我們總是會在入住前對旅館做點判斷和猜測，這已經是一種旅行中不可或缺的小樂趣了。

按下電鈴，「啪！」的一聲，大門彈了開來，有點灰暗，有點雜亂，有點傻眼，狹小的樓梯間確認了沒有電梯，但手機上的地址也再三確認，的確是寫著六樓啊……

應門的是一個穿著睡衣的婆婆，有著超挺的鷹勾鼻，像極了童話裡的巫婆奶奶，但是是正派的那一型；有點腔調的英文溫柔極了，她慢慢戴上了眼鏡，看著揹著兩人份行李、有點快撐不住的H，揮揮手笑著說：

「強壯的男孩，其實樓上才是你們的房間，哈哈哈哈！」H開始懷疑她是反派的巫婆了。

這是住家改裝的旅館，格局有點奇怪，共用的起居室在一間客房內的隔間，常被房客反鎖變成私人客廳；餐廳看得出來是由原先的儲藏室改裝，五間房間卻只共用一套桌椅；兩間共用廁所可謂天差地遠，第一間放進浴缸、馬桶、水槽剛好塞滿，另一間卻有著豪華的大理石地磚和足夠一家大小一起享受的寬大淋浴空間。

那到底為什麼有高評價呢？大概就是那七層樓的高度吧！我們住在頂樓，房間有採光充足的落地窗，窗外有歐式建築才有的環狀露台，雕花的欄杆和桌椅照應，下午茶似乎成為了必需品，居高臨下的景色，甚至能看到樓下有位小胖弟正為了冰淇淋跟媽媽僵持不下呢！

左上：在廣場上親吻的可愛男女。右上：在葡國的航海圖上找到台灣，但跟我們地圖上的長得很不一樣。
右下：飲料就是要買大瓶的，才能當水壺用！

下：隱藏在小巷子內的塗鴉畫作，是我們最喜歡的作品之一。

當阿姨介紹到設備充足的廚房時，突然響起了熱情的交響樂，巫婆奶奶笑笑地指著窗外。我們好奇地探頭，原來是街頭藝人們的「節奏」，一個提醒人們該下班享受生活的節奏。鬆開領帶的上班族幽默地跟著音樂一同擺動前進，露天咖啡座裡有位大叔正搞笑地扭動身軀，逗得對面的阿姨笑得花枝亂顫。

我們漸漸開始發現了這裡的可愛，原來都市裡不一定只有車水馬龍的人潮，旅行也不一定要尋找到獨一無二的不同，認真地感受四周，悠閒也會變成一種景色。抵達葡萄牙的第一天，很快就有了一種選對的愉快。

H也真心感受到了所謂的悠閒，什麼？似乎身體好像也開始變輕了！

喔不，原來是行李早就卸下擺在房間裡了。

旅途小彩蛋 |

警察先生，就是這個人！

毒品氾濫是個全球問題，夜晚的葡萄牙其實沒什麼危險，只是賊頭賊腦的年輕人會默默地靠近你，問你要不要來點大麻或是迷幻蘑菇，分散的站在大街兩側，其實挺明顯的，警察人哩？

簽證這惱人的事

荒謬的理由讓我們正視這件事時開始有點緊張，機票都買好了，簽證過不了就糟糕了。在民宿房間裡開始仔細搜尋著相關資料，但哪個莫名其妙的旅人會發表《葡萄牙首都里斯本辦理巴西簽證攻略》這樣恰巧的標題啊？

——H

其實等簽證的時候也沒那麼痛苦，因為老城區裡面太美了。

來到葡萄牙，除了受到較低的物價吸引之外，其實還有一個非常重要的任務要執行，那就是得想辦法辦理接下來的巴西（Brazil）簽證。巴西是這段旅程中少數需要辦理簽證的國家，因為懶惰的我們打從心裡覺得簽證這種被別人掌握行動大權的事情太麻煩了，出發前就盡量選擇免簽或落地簽的國家；但該來的還是躲不掉，長達一年的環球旅行，總要碰到簽證這惱人的事，所以我們異想天開的決定，要以葡萄牙做為辦理巴西簽證的地點。為什麼是葡萄牙咧？理由很簡單，再次拿出世界地圖，位於歐洲左下角的葡萄牙，看起來離巴西最近啊！

荒謬的理由讓我們正視這件事時開始有點緊張，機票都買好了。簽證過不了就糟糕了。在民宿房間裡開始仔細搜尋著相關資料，但哪個莫名其妙的旅人會發表

《葡萄牙首都里斯本辦理巴西簽證攻略》這樣恰巧的標題啊？我們開始旁敲側擊地尋找著相關主題，漸漸受到負面訊息的干擾，「我等了一個多月才拿到」、「這是不可能的任務」、「一切都得看承辦人的心情」，原來心寒的感覺不過如此。值得慶幸的是，幸運之神還是眷顧了我們，巴西領事館竟然就在旅館的幾條街之外，連公車都不需要搭的距離，終於讓我們燃起了一絲希望。

隔日一大早，換上背包裡少數幾件看起來正式一點的服裝應戰，希望能有個好彩頭，順利一舉拿下巴西簽證；領事館位於商業區廣場旁的一隅，被四周商家們包圍著，牆上大大的巴西國旗讓我們確認了位置。樓下已經站滿許多黝黑的拉丁臉孔，讓我們提早感受到南美洲風情，被巴西人包圍在中間的兩個台灣人格外引人注目，不少人用「是不是走錯路」的眼神看著我們。

終於顯示燈上出現我們的號碼，國外辦理簽證初體驗正式開始。

受理人是一位帶著細框眼鏡的大叔，在表明來歷之後，他神情自若地請我們出示護照。但就在遞上了令人驕傲的綠色外皮護照時，他的表情看起來明顯有些慌張。

「請問你們是來自中國的旅客嗎？」大概又是看到了Republic of China的緣故。

「不是的，我們來自台灣。」我們趕緊澄清，因為部分的國家對於中國人民有更嚴格的審核。

大叔開始翻箱倒櫃、引經據典，想盡辦法找出台灣人辦理簽證的相關規定。我們耐心地等待著，畢竟對於習慣標準作業流程化的大使館員工來說，我們兩個真的有點在找麻煩。看大叔進進出出門後的辦公室好多次，問完了左邊同事又問了右邊的，似乎真的給他出了一個大難題。最後我們得到的答案，就是下禮拜再抽空過來一趟，他會盡力協助辦理，只是還要跟更高層的主管確認我們的身分。

沒有拒絕，可以判定這是一個好消息，我們互相安慰對方，等待下週的到來。

§

週一早上，我們再次向巴西領事館準時報到，這次的交涉奇快無比，大叔一看到我們就說：「我們已經將所有的資料都送去了巴西，最快週五才會知道你們到底有沒有簽證資格。」又是一個禮拜的煎熬，有件事情懸在心上的感覺，去哪裡玩都覺得怪怪的，除了繼續在網路上搜尋相關的負面訊息外，唯一的辦法就只有繼續等了。

週五終於到來，我們站在領事館大門看著員工開門，但太早到的下場就是得到「請你們下午三點左右再來一趟」的答案。等待中的早午餐變得無味，下午茶變得好淡……。好啦！太誇張了，兩點五十分我們又提早報到了，大叔突然要起我們在巴西的擔保人和住宿地址，距離前往巴西的時間還有一個月，隨遇而安的我們哪裡搞得到擔保人和住宿地址啊！

M靈機一動，想起她在美國營隊認識的巴西朋友，看看手上的手錶，距離領事館關門時間不到一個小時。時間凍結的漫長等待，馬上變成了十萬火急的找資料大賽，只希望沒有時差的問題。

我們衝往咖啡店找網路，沒想到第一家的網路竟然跑不動，只好把低消的咖啡當可樂喝，馬上前往下一家。好不容易連上線，透過臉書傳了訊息出去，可是三名巴西朋友一個回應都沒有。等待回覆的漫長，加上領事館閉館時間的壓力，當下的感受已經昇華到另一個層次，不是簡單的「焦急」一詞可以形容的了。

終於拿到巴西簽證啦！

對話氣泡突然冒起，「How are you, Mengo?」是M的巴西友人露易莎！但領事館也只剩十分鐘就要關門了。什麼噓寒問暖打招呼都被M跳過，劈頭就問露易莎家裡的地址和電話，好險她沒有把我們當成詐騙集團，期待的資料順利到手。

手刀狂奔衝回領事館的景象記憶猶新，手續費再貴，我們也搶著付錢，需要前往主管辦公室經過一個小小的面試，更恨不得用跑的過去。走到了走廊的最深處，獨立辦公室裡的老大和藹可親的歡迎我們，沒多問什麼就蓋下了審核通過的印章，還笑笑地說：「沒記錯的話，你們兩個可是這個辦公室的台灣第一呢！」

旅途小彩蛋 ｜

巴西領事館小小簽證上的政治操作

終於通過審核，願意給我們巴西簽證了，但大使館竟然不在我們護照上蓋章，而是給了我們一人一本專屬巴西的簽證護照，查了查資料發現，如果在我們護照上蓋章，就代表著承認台灣，一切都是政治問題啊……

我沒醉我沒醉沒醉

假裝喝醉。

專有名詞太多的解說，讓我們有點吃不消，但回頭一看，原來除了我們兩個跟幾位年紀較大的遊客有在聽解說之外，後方的派對少年們早就顯得不耐煩，臉上充分表露出「給我酒！給我酒！」的吶喊。

——H

拿到巴西簽證後終於解開束縛，該向里斯本這個可愛的城市說聲再會了。下一站的目的地怎麼選擇？我們用了一套非常有邏輯的選擇方式。

大概是因為外語發音的緣故，葡萄牙這名字之所以令人印象深刻，應該就是因為葡萄這兩個字了，但實際用英文念起來，卻不像是葡萄牙，反而更像是「葡萄國」，就算理性告訴我們這一切跟葡萄真的沒有什麼關係，但在超市裡忍不住覺得「這裡的葡萄比較甜」的刻板印象，已經根深蒂固。所以當我們在研究葡萄牙地圖選擇下一個目的地時，看到一個中文翻譯叫做博圖

（Porto）的地方時，我們沒什麼討論就決定往那行動，因為這個城市用英文唸起來，完全就是「葡萄」本人，而且還是台語腔，重點是那裡的特產，真的是葡萄酒啊！

「葡萄」本人長什麼樣子呢？就是一眼望過去全部都是葡萄酒廠的樣子。實際上這裡算是一個山城，不管市中心還是酒窖區，都是建立在緩緩的山坡上，中間隔了一條河做為分界。從市區這端往酒窖區看，古色古香的橘紅色歐式建築屋頂上，豎立了各家酒廠的巨大看板，終於能理解為什麼這裡酒精飲料的選擇比普通飲料還要多了。就算不是酒精迷的我們，也對這樣的景象感到有點震撼，選一家酒廠參觀是必要的，最後還是用了非常不專業的方式下了決定。

「選葡萄就是要甜，所以選葡萄酒廠也要選最甜的那一家！」這是M獨具特色的純真浪漫。

不懂酒的我們走進了賣酒的商店，對著肚子很大、一看就是品酒大師的叔叔問出了哪一支比較甜的害羞問題，記下品牌logo後，朝向了那張黑色的巨大看板出發。

§

巨大的招牌下，大門比想像中小得多，售票亭上註記了參觀內容與不同票價費用，簡單來說就是多花一點錢，能多試喝一點酒。對品酒界裡算是湊熱鬧的我們來說，買個

左：已經喝醉。右：正在喝醉。

基本盤，三杯試飲就滿足了。

距離下一個tour開始還有十分鐘，門口已經有零星的慕名遊客在聚集，我們暗自竊喜了一下，不是因為票價比想像中的便宜，而是因為發現：還是很多人喜歡喝甜甜的酒嘛！

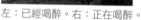

解說小姐帶著遊客推開小小的木門，別有洞天的廠房，果然把想像中酒窖的樣子仔仔細細地刻劃出來，像水塔般的巨型木酒桶整齊地陳列在架上，從木桶溢出的酒香撲鼻而來，蒸餾滴管一點一點地滴出了酒客們的渴望。專有名詞太多的解說，讓我們有點吃不消，但回頭一看，原來除了我們兩個跟幾位年紀較大的遊客有在聽之外，後方的派對少年們早就顯得不耐煩，臉上充分表露出「給我酒！給我酒！」的吶喊。終於，來到品酒地點，這裡充滿了歷史建築的氛圍，牆上的老照片配合著輕柔的古典樂，真令人迫不及待來上一杯！

我們買的票是一人試喝三杯，所以桌上一下子出現了六杯，遠遠超過期待中的「一杯」。剛開始我們還像個樣子的把對葡萄酒的認識和形容都使了一輪，但很快就露出了本性：

「趕快把酒杯擺滿四周，拍張搞笑的酒醉照片吧！」

§

我們很禮貌地把私下認為還是不夠甜的六杯酒喝完，開開心心地步出酒廠。大概是酒感上來，心情變得有點興奮，一路上走走跳跳的還哼著歌曲，走在河畔吹著微風，暖暖的陽光不熱也不烈，有種如沐春風的輕鬆感；但M開始變得不太對勁，竟模仿起路邊壁畫上的雷克斯霸王龍，看到什麼東西，喉嚨都會迸出一句高八度的「超可愛的！」已經活潑到有點控制不住了……

果不其然，M突然說出了「有點想吐」之類的話，接著情緒就越來越低落、越來越低落，低到路都走不動了。我們在大街轉角的一處民家前停了下來，M大剌剌地在人家門口醉倒了，我只好默默坐在隔壁住戶的階梯，等著她「睡一下下就好」。

其實下午睡在民家的門口也挺有氣氛的，只要屋主不要突然回來或出門，不然場面恐怕有點尷尬。當然，旅行也是一種學習，M那天學到了一課：參觀酒廠前千萬別空腹，不然一不小心就要顧馬路囉！

旅途小彩蛋 ｜

甜點是必需品

葡萄牙除了葡萄酒之外，甜點店也吸引著我們的目光，對台灣人來說，甜點或許算個奢侈品，但對葡國人來說卻是必需品。U型吧台旁坐滿了客人，喝的不是啤酒而是綜合果汁，吃的不是花生米而是葡式蛋塔。

期待再相逢

距離上次見面也有半年的時間了，現在站在眼前的景子，依然嬌小可愛，她自己或許沒發現，但看起來沒那麼害羞了。獨自旅行的歷練真的會改變一些事情，或許是成長，或許是勇氣。

——M

前往芬蘭的前一天，我們的航班出了大包，把我們的機票紀錄全都刪除了，還好航空公司很負責地願意承擔當天所有的食宿費用。賺了一餐很貴的西班牙料理後，我們終於順利地搭上前往芬蘭的飛機，期待著和日本朋友景子在旅館碰面。

進軍高消費的北歐國家，我們以為自己做

一種冰冰涼涼的廣闊北歐風格。

好了心理準備，但打開旅館預訂網站時，還是有點內傷的感覺，熟練地按下價格由低到高的排序模式，選定了勉強還在負擔範圍內的旅館。

下了機場接駁公車，走在赫爾辛基（Helsinki）的大街上，建築物色調很清淡，很有所謂的北歐風格；有時也會遇到牆上有著濃烈藝術感的塗鴉，兩相比較下呈現出明顯的衝突美感。

在這裡，即使是外表簡單的便宜旅館，但內部設備可一點也不簡單，年輕的櫃台小姐交給我們一人一張高科技的入場券——一張能自由進出的磁卡，經過幾秒鐘的電腦設定，除了大門和衛浴之外，也可以輕鬆對應專屬的房門和置物櫃。就在我們開心地參觀旅館的同時，我聽見熟悉的聲音。

§

「啊！Mengo，妳們終於來了！」景子笑笑地走過來。

與景子的第一次見面，是旅程剛開始，我一個人在泰國清邁的時候。能在旅行的第一站就遇到也在環遊世界的旅人，對我來說相當不可思議，很快地就主動上前攀談。

「妳一個人旅行嗎？」我問。

「嗯，可以算是一個人，我的男朋友也在環球旅行，不過我們走反方向，所以下一次碰面應該是回到日本吧。」景子害羞地笑著說。

眼前這位嬌小可愛，還帶著一股羞澀氣質的日本女孩，外在形象與我們一般印象中的日本人沒兩樣；但如此大膽的決定，就跟我們印象中循規蹈矩的日本人有很大的差異了。聊天過程中，她總是很有禮貌地頻頻點頭示意，擁有如此靦腆的外表，卻聊著如此前衛的旅行理想，實在令人有種錯亂的感受。

「為什麼會和男朋友分開旅行呢？」

「嗯……，其實我們計畫明年就要結婚了，所以兩個人都想要享受一下最後的單身生活，畢竟以後做什麼事都要黏在一起了啊！」景子說。

「那妳一個人真的沒問題嗎？」其實也滿嬌小的我，站在景子旁邊反而顯得強壯多了。

「哈哈，其實我自己非常擔心，我盡量每天都和男朋友分享彼此旅行的狀況，目前是沒碰到什麼問題啦！」出現了，景子的靦腆笑容。

距離上次見面也有半年的時間了，現在站在眼前的景子，依然嬌小可愛，她自己或許沒發現，但看起來沒那麼害羞了。獨自旅行的歷練真的會改變一些事情，或許是成長，或許是勇氣。

§

景子主動提議了明天的行程，內容日本得非常卡哇伊。

「你們知道嚕嚕米家族嗎？就是主角們長得很像河馬的那個卡通？」她問。

「噢！小時候很愛看，是日本卡通對吧！」H回答。

搖到芬蘭瞧

「不是耶，嚕嚕米家族是來自芬蘭喔！」景子翻著手上滿滿日文字的小本子繼續說著，「在芬蘭還有嚕嚕米遊樂園呢！可惜只有夏天才開放，但沒關係，明天就一起去看看這間有嚕嚕米專賣店的設計學校，聽說還有……」看景子那發光的眼神，可見她骨子裡還是非常日本女孩的！

這兩天我們隨著景子那本小小、厚厚的日文背包客攻略穿梭在赫爾辛基市區，旅行中多了位朋友，也多了份新鮮感。

一路上，景子和我們分享她在約旦遇到的惱人計程車司機，一直亂開價還一度不讓她下車；我們也說起航空公司誤把機票取消，讓我們差點無法如期和她碰面的烏龍事件。逛到肚子餓了，三個人就鑽進麥當勞，點了咖啡、熱茶，配起背包裡的麵包和肉鬆罐頭。

「敬！景子環遊世界的最後一個國家——芬蘭！いただきます（開動）！」H舉起手上的熱茶。

「呵呵呵，這是我這輩子第一次在麥當勞裡吃罐頭呢！」景子吃得有點害羞，又露出了那靦腆笑容。

走在秋天的赫爾辛基街頭，不至於冷到下雪，不過在

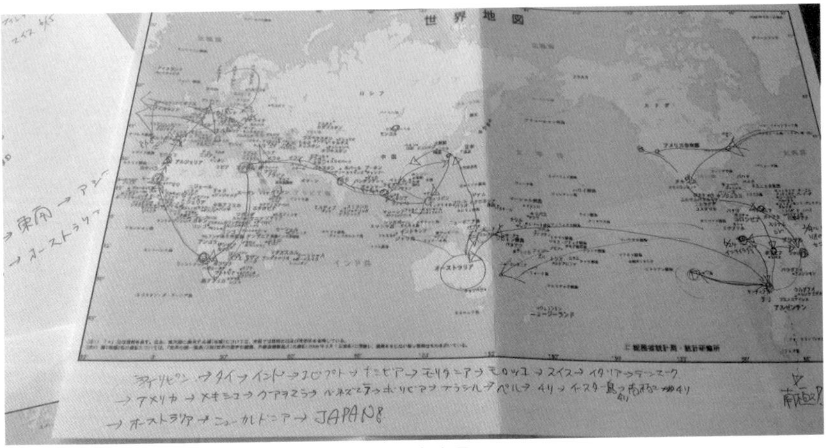

旅途中碰到的另一名環球旅人Tomo，他的環球地圖。

身上毛帽、圍巾和靴子都不能少的溫度下，身旁多個聊得來的旅伴，似乎也就不覺得那麼冷了。

「環遊世界要結束了，會捨不得嗎？」我問。

「不會耶！我已經開始期待回到日本了，我很想念日本的家人、朋友和美食。」景子回答。

「那旅行了那麼多個國家，最喜歡的國家是哪裡呢？」

景子停頓了一會，再次露出招牌笑容。

「日本！呵呵呵！」

旅行的路上，每當和遇到的旅伴聊到他們去過的國家，大部分的人總是眼神發亮的說著好想再去哪裡，好愛哪個國家等等，這倒是第一次聽見繞了世界一圈、去了那麼多國家的朋友，最終還是選擇了自己的國家，或許這就是一種歸屬感吧！不曉得這趟旅程結束時，我和H又會是怎麼樣的心情呢？

和景子道別的那天，三人在公車站前聊天，我們給景子一個大大的擁抱，除了表達遇到這樣可愛女生的珍惜之外，也非常敬佩她的獨立和勇敢。

前往機場的公車來了，我們早已在期待下次再相逢的機會。上車前，景子揮揮手。

「別忘了來日本，告訴我你們接下來的故事喔！」我們又看到了景子的招牌笑容。

旅途小彩蛋 |

真的不是故意的

剛到芬蘭的時候，我們驚訝的以為北歐的社會福利強到連交通電纜車都是免費的，我們就傻傻地沒付錢搭了幾天霸王車，直到我們看到路邊的票亭和罰款時，抱歉抱歉我們錯了……

身穿傳統服飾的少女正在兜售街頭點心焦糖核桃。

古老的木門突然被推開，看來是用餐完畢的客人走了出來，我們鬆了口氣。走了進去，裡面竟然還是沒有燈光！整個餐館大概只有十個位置，原木桌椅與擺設，桌上還擺著閃爍的小蠟燭，像極了電影裡的中世紀餐館。

——M

童話王國內的凶巴巴餐館

在芬蘭確定無法去拜訪聖誕老公公的老家了，光是看到那金額不太友善的火車票價就讓人心寒，更別談旅遊勝地的超高物價，在車站內我們彷彿就已經感受到北極圈的寒霜，最終只能向遠方的聖誕老公公說聲有緣再相會。但山不轉路轉，北方去不了，就往南方闖闖看吧！

距離芬蘭首都赫爾辛基不遠的南方，只隔一條海灣，就能抵達波羅的海三小國中的愛沙尼亞（Estonia），這真的是小時候地理課本才聽得到的國家了。前往的郵輪船票便宜到令人想偷笑，有點出乎我們意料，而三小國是連在一起的，坐巴士造訪就可以通行無阻。面對十人通鋪、一人還要台幣一千二的「高級」北歐青年旅館，浪漫的環球之旅中，我們只能做出非常現實的選擇。不到一週的時間，我和H毅然決然地離開了芬蘭，朝向只聽過名字的國家出發了。

§

抵達的第一天，在大雨中遇到好心人，把我們從偏僻的港口接送到隱身在小巷內的旅館，可愛的櫃台小姐指著後方寫著H全名的黑板，給予熱烈的歡迎，隨後帶著我們住進了十人通鋪房，不過這裡的價格比芬蘭硬生生少了一半。我和H滿意地不斷點頭，頻頻互相使著得意的眼色，太好了，我們選對方向了！

跟芬蘭擁有高設計感的簡潔風格有著極大的不同，愛沙尼亞的城市裡，不管是傳統建築上尖尖的屋頂，還是大膽用色的油漆粉刷，都讓人有種不小心踏入童話故事裡的小錯覺；尤其是市中心內的古城，到處都是穿著傳統服飾叫賣的小販，和手工訂製的傳統藝品。而手繪的店家招牌，還沒搞清楚店裡面在賣什麼藥，就讓人忍不住想開門一窺究竟。

正所謂三個臭皮匠勝過一個諸葛亮，三小國合作繪製了一系列的旅遊地圖，除了名店、景點等基本標示外，還註記了夜生活路線、一日行程等介紹，更特別的還有為省吃儉用的背包客所設計的銅板餐館推薦。身為旅程主廚的我表示，今日不煮飯，就讓老娘請吃飯！

一整天無壓力的童話王國漫遊之旅到了最後的高潮，晚餐時刻我們拿出神奇的萬用地圖，馬上鎖定一家在老城中心的傳統餐館，大大的五星級評價推薦，高貴不貴，看來是絕對妥當了，不要猶豫，馬上出發！

到達標記中的廣場，這地方我們當天至少經過了十次，但絲毫不記得有看到什麼特色餐館，四周布滿了露天的高級餐廳，西裝筆挺的服務員端著紅酒和高腳杯，穿梭其中，怎麼看都不像我們目標中的平價美食。但肚子已經在打鼓了，隨手抓了一位落單的服務員開口就問，他不假思索地就指向中央教堂旁的小門，我們道謝後跑了過去，情況看來不妙，門小就算了，完全沒有燈光和人潮，該不會八點就關門了吧？

古老的木門突然被推開，看來是用餐完畢的客人走了出來，我們鬆了口氣。走了進去，裡面竟然還是沒有燈光！整個餐館大概只有十個位置，原木桌椅與擺設，桌上還擺著閃爍的小蠟燭，像極了電影裡的中世紀餐館。

抬頭研究了一下天花板，這不是停電，他們是真的沒有要裝電燈的打算啊！正當我們覺得新奇無比的時候，櫃台方向有雙銳利的眼神盯著我們。是穿著傳統服飾

搖到愛沙尼亞瞧

左：看到鉛筆形狀的建築讓H笑得萌萌地……
右上：當地的紀念日活動竟然是拿啤酒幫偉人雕像洗澡。
右下：冰冰冷冷的設計感看久了，反而覺得芬蘭的傳統服裝非常可愛。

的櫃台大媽，她配上紅色麻花辮的造型很是可愛，但一開口，態度卻是可怕極了。

「請問有菜單嗎？」我客氣地問道。

「在上面不會自己看喔！」大媽臭臉的往上方的字板一指。

我們兩個看著字板討論了一下。

「還沒想好不要擋路，後面的客人先過來！」大媽不耐煩地講著。

H有點不高興了，但看到價格實在經濟實惠，決定再給她一次機會。

「不好意思，我們要兩個肉派、兩碗濃湯、一瓶黑啤酒。」以德服人的我溫柔又客氣地說道。

「濃湯只剩一碗，就這樣吧！下一位。」大媽俐落地寫單、收錢，不留一點情面。

可愛的餐廳被大媽的態度搞得有點不可愛了，等餐的我們互相抱怨著，偷偷瞪著大媽以示我們的不爽。可是慢慢觀察發現，她對每位客人都是一樣的態度，有時甚至粗魯到有點好笑，越看越像是故意表現出來的，外地來的客人初次應對時，往往都有些不知所措。

旁邊有一對老夫妻問說能不能跟她合照，大媽以一個超大白眼回應，念念有詞的抱怨，說著「今天已經照了幾百張合照了」，但老夫妻倚靠過去後，她還是配合的擺出了一個專業的pose。

餐點上來了，配合著大媽的罵人背景樂，在閃爍的昏暗燭光下品嘗著五星級平價美食，舀一匙料多味美的濃湯，咬一口用料實在的肉派，最後灌一杯爽口不澀的黑啤酒。待在那裡的一個禮拜，我們就被收服了三個晚上。

記得我們離開前的那晚，還是決定去大媽餐館解解饞，雖然還是沒膽跟她要合照討罵，但幸運地獲得臭臉大媽請的蘋果派當點心，配上她的表情，那可能是我們看過最冷酷的加菜方式了。

旅途小彩蛋 ｜

看電影去～

恰逢《鋼鐵人3》正式上映，當地的票價竟然比台灣還要便宜，我們在塔林趕流行去看了場電影。雖然電影也有字幕，但是是完完全全看不懂的俄文啊！還好動作片就是砰砰啪啪的，英文聽力也姑且過關，過癮就好！

很有味道的小旅社

說時遲，那時快，對面準備好要去party的年輕人狂亂地噴了一身包裝前衛的體香劑，那不自然的香味與濃厚的體味交織成驚人的交響曲，然後……，我們就昏倒了。

——H

德國的不萊梅和里加是友好城市。

抵達拉脫維亞（Latvia）首都里加（Riga）的巴士站已經晚上十點，習慣了歐洲悠閒節奏的我們，面對著早已門窗深鎖的店家也不再感到意外。市區裡的路人屈指可數，好不容易追上一位好心的小姐，指引了我們前往旅館的方向。幸運趕上最後一班公車，安安靜靜地盯著窗外，打量著這個新造訪的國度。

我本以為疲累的一天，將隨著即將抵達的公車站牌，接近尾聲。然而濃濃的睡意在巴士駛離視線後煙消雲散，我們在一個小廣場旁的站牌下了車，環顧空蕩蕩的四周，別說人影了，就連一旁的民宅內都看不到什麼燈光。當晚起了一點小霧，隨著黃色的路燈暈開，就像不小心闖進開膛手傑克的地盤，雖然打著哆嗦，旅館還是要繼續找下去。

放棄了找人問路這個選項，看著手機裡翻拍的微薄旅館資訊，只能硬著頭皮往前走。原來被建築物包圍也可以感覺那麼荒涼，我開始有點自責為什麼要選擇最便宜的旅館了。終於，在昏暗的街道中看到了一間唯一亮著燈的樓房，入口並不好找，要從旁邊的小巷子繞進去才看得到旅館招牌。

鬆了一口氣的我們按下電鈴，期待溫暖的床可以讓我們兩隻誤闖驚悚片場景的小白兔歇一會兒，但沉默了一分鐘，沉不住氣的我們按下了第二次電鈴，又沉默了兩分鐘，按下了第三次，依然得不到任何回應，剛剛鬆掉的那一口氣又吸了回來，該不會旅館主人拋棄我們睡著了吧！

背起了好不容易卸下的大背包走回旅館的正面，望著那扇還亮著燈的窗戶，期待有人能發現我們，果不其然，有個人影靠近了窗邊。

「機會來了！」M興奮地大叫。

我們開始手舞足蹈的向窗子猛揮，但人影的正面都還沒看清楚，他就轉過身去倚靠在窗邊，背對著我們；緊閉的窗戶讓我們的呼喊得不到回應，但不屈不撓的我們依舊在空蕩蕩的大街上，滑稽的擺動著身軀「Say hello」著。

突然！那個身影竟然走掉了……

§

激情過去後是空虛的，停下擺動的我們有了最壞的打算，譬如睡在旅館門口之類的。

「那是不可能的！」剛剛才在公車上打盹的我突然充滿了鬥志。

由於想不到溫和的B計畫，我提出了激進的C計畫。兩個人蹲下身子，找起了路邊的小石頭，慢慢的一顆一顆「小心翼翼」地往窗子丟去，如果被當地居民看到可就麻煩了，但我們很放心，因為路上還是一個鬼影也看不到！

皇天不負苦心人，印度臉孔的年輕人打開了窗戶，用疑惑的眼神看著我們……

睡眼惺忪的老闆給了我們大門鑰匙後就消失了，這是一間以消防隊為主題的小旅社，牆上掛滿了各種打火裝備，看起來陽剛味十足。一進入上下鋪的房間內，更發現：不只布置得陽剛味十足，聞起來也是陽剛味十足啊！有一種誤闖了剛上完體育課的國中男生班教室的錯覺。

我們收起惶恐的眼神與其他房客打了聲招呼，

左：小鮮肉三輪車是拉國裡最熱門的交通工具。
右：一點都不誇張，路上真的一個人都沒有。

找到床位，安慰著對方至少找到旅館了，或許我們也可以像青澀的國中時期一樣，讓這味道習慣成自然。

說時遲，那時快，對面準備好要去party的年輕人狂亂地噴了一身包裝前衛的體香劑，那不自然的香味與濃厚的體味交織成驚人的交響曲，然後……，我們就昏倒了。

未雨綢繆預訂旅館的好習慣，讓我們在這間很有味道的小旅社住了將近一個禮拜，異味交響曲的內容不時還穿插廚房因不洗碗而飄散的廚餘味，又或者是把襪子晾在廁所的發熱竿上昇華等種種間奏。既然音樂關不掉，一定要聽的話，我們決定選擇最單純的曲目，趁party少年又去狂歡，對不起，就讓那瓶香草口味的體香劑充斥整個大地吧！

旅途小彩蛋 |

各取所需

男女不均的拉脫維亞被稱為美女國，每天走在大馬路上，H都心神不寧的東張西望，還好廣場上吸引女性為主的小鮮肉三輪車，讓M的眼睛吃了點冰淇淋，明明就是冬天，小鮮肉卻是純正的夏天裝扮。

租電動車逛小鎮是許多旅客喜歡選擇的觀光方式。

三萬元的經驗值

白色石子地上佇立著淘氣的天使像，紅色教堂內寫著淒美的愛情故事，喝一口金黃色的啤酒，慶祝自己來到這美麗的國度。離開立陶宛的前兩天，我們依舊帶著這樣彩色的愉快心情起床，卻聽到有人在櫃台抱怨，冰箱裡的食物被人整袋拿走了……

——H

大概是心理作用的關係，少了對歐洲大國那些既定印象，例如扒手很多、物價超高等等，在陌生的三小國間移動，反而有一種莫名的安心感。

在愛沙尼亞某天的三更半夜，明明就不會喝酒的M竟然主動提議，一起跟著年輕旅館老闆連跑了四家酒吧；而為了滿足身為男人的野望，在拉脫維亞的大街上耗到正經店家都關門了，只為了一睹煽情霓虹燈的亮起。終於，我們來到了立陶宛（Lithuania）的首都維爾紐斯（Vilnius）。

四周的平房還是歐洲得很有味道，沒看到高樓大廈讓人鬆了一口氣，心想著這裡大概也是個輕鬆自在的城市吧！但手機上的旅館位置截圖，依然讓我們在巷弄內繞得天昏地暗，最終還是請到當地兩位頂著五顏六色挑染髮色的女孩，當起我們的人體導航。

要說在立陶宛的街巷間有台灣人的存在，連我們都覺得很稀奇，更何況是當地人；她們對我們的好奇，從欲言又止的問題中感受得出來，通常這樣初次見面的短短幾分鐘，就是為台灣好好地自我介紹的時候了。

§

告別了熱情的大學生，我們的旅館就在主街旁的巷子。

這裡的主街看起來不太一樣，正好跟繁忙的台北相反，人才是路上的老大，簡單的雙向車道，卻有著寬廣的人行道和行人中島，幾步一長椅的擺設，很適合冬天在太陽下買杯咖啡坐著取暖、發發呆。在保持古典美的情況下，不管牆上、地上、

搖到立陶宛瞧

門上、甚至是屋頂上，不時會出現一些現代的戶外裝置藝術，融合得很低調，但發現了就會讓人眼睛一亮。其中一間平房的狹小窗台上，硬是架上了一套懸空的下午茶桌椅，如果這不是藝術品的話，屋主大概就是位充滿勇氣，又真心很想要喝下午茶的人吧！

而看似傳統磚房的旅館大門上，有著高科技的密碼鎖，不用擔心像上個旅館一樣，工作人員下班沒人應門。密碼就寫在櫃台旁的黑板上，每週更新密碼的作法讓人放心不少；交誼廳、餐廳、客房和洗手間規劃有條有理，每個床位都有一個自己專屬的置物櫃，鎖頭可以跟櫃台租借，也可以使用自己的。旅行好幾個月的我們，錢不多但鎖頭倒是有好幾個，把家當都放進去後，就真的可以鬆口氣了，因為背包客移動時，從壞人的角度看來，簡單來說就是一隻行動不便的肥羊。

吃完晚飯後與櫃台聊聊天，總會得到一些有用的旅行情報，像是應景的節慶活動，或者是旅遊地圖上沒標示的隱藏餐廳，他們通常比背包客還了解背包客，而櫃台提到的免費市區導覽最讓我們心動，因為那是一群志同道合的當地人發起的活動，相信會比官方的解說更加生動，當我們聊到夜生活的狀況，這名晚班巴西裔櫃台向我們有自信的打包票：

「立陶宛的治安大可放心，在這裡車子忘了鎖，擺個一、兩天都沒有問題，如果在巴西，大概只能撐個一、兩分鐘吧！」講完後我們一起放聲大笑。

§

白色石子地上佇立著淘氣的天使像，紅色教堂內寫著淒美的愛情故事，喝一口金黃色的啤酒，

上：街上偶遇的遊行隊伍。
下：得到搶手的刺青師傅贈送的刺青手稿。

首都內有個自行宣布獨立的國家，這是一種歐洲人的幽默。

慶祝自己來到這美麗的國度。離開立陶宛的前兩天，我們依舊帶著這樣彩色的愉快心情起床，卻聽到有人在櫃台抱怨，冰箱裡的食物被人整袋拿走了，櫃台解釋著共用冰箱難免會發生拿錯的情況。我們旅行好幾個月，也算是半個老屁股，當然不以為意，繼續悠閒吃著早午餐，東摸西摸的準備去市集走走，買買明信片。

「有看到我的相機嗎？」M打開了置物櫃。

「置物櫃沒有就在你的隨身包啦！一定是昨天忘了鎖進去了。」我賴在床上回道。

置物櫃裡另一台單眼相機包、護照和皮夾通通還在，那台隨身的小相機肯定是忘在哪個背包裡了，至少當時我們堅定的這麼想，M開始翻箱倒櫃，我也加入了尋找的行列，折騰了好一陣子。

「不用找了……」我冷冷說道。

皮夾雖然乖乖地躺在置物櫃裡，但裡面的現金全都消失了，趕緊翻了一下單眼相機包，機體和鏡頭還在，記憶卡卻莫名其妙地不見了，還好最重要的護照安然無恙。檢查了一下，鎖頭沒被破壞。為了搞清楚狀況，我們還是用壞人的思考模式來「對待」這個置物櫃。果然，由於設計不良，櫃子可以無視鎖頭用力扳開。雖然明白遺失物恐怕是這輩子都找不回來了，但我們還是向樓下櫃台反映了狀況。

看來早上的食物被拿錯也不是意外，早班櫃台露出深受打擊的表情，不過當時也沒空關心他的心情，因為我們的眼神更早就失去了靈魂。後來櫃台打起精神幫我們東翻西找，調出入住資料，八人房裡只剩下我們兩個和另一個年輕人還在，其餘五人一早就離開了。他當起偵探幫我們抽絲剝繭，甚至出了最終大絕招，偷偷將門反鎖，翻起唯一還在住的年輕人背包來確認，但答案當然是犯人早就跑掉了。

我們花了約台幣三萬塊，買到「就算在安全的地方，還是要小心翼翼」的道理。

在立陶宛的最後一個全天，管不了什麼歐洲的慢節奏了，租了腳踏車趕去每一個明明就已經去過的行程，因為十幾天的照片都隨著還沒備份的記憶卡一同消失了，內心創傷還沒有平復，又多了一整天奔波疲勞的累積。

突然間我們找到了一個抒發的管道，那位向我們打包票保證這裡很安全的晚班巴西櫃台人員，帶著神采奕奕的笑容從大門走了進來……

旅途小彩蛋 ｜

熱門刺青師的設計手稿

首都維爾紐斯中心內有個百年刺青店，我們鼓起了勇氣走進去，穿很多環、刺很多刺青的女師傅走向了我們。人不可貌相，女師傅意外的親切，雖然她太熱門排不出時間，但還是抽空畫了兩張完整的手稿送給了我們，一隻猴子和一個女娃。

先進城市

麻瓜們進不了九又四分之三月台，只能在入口處賣個風騷。

安排一場自以為是的文化之旅是必要的，一天之內，三趟博物館巡禮，可真把我們累壞了，大英博物館裡的真實木乃伊，歷史博物館中的巨大恐龍化石，科學博物館內的互動藝術裝置，要參觀的東西太多，要了解的歷史太深，要玩的科學體驗實在太有趣！

——H

低溫加上了濛濛細雨，街上穿長風衣的路人還真不少，紅色的雙層巴士經過，濺起了水花，潑到了復古造型的計程車上。我們匆匆跑過一旁的印度商店，狼狽地推開泰國餐館的大門，點碗最便宜但還是很貴的湯麵一起分享，沒想到泰國籍的老闆娘竟然還會講中文。這裡是一座先進又國際化的城市，英國倫敦（London）。

雖然遠在台灣的千里之外，但說真的，走在倫敦的路上一點也沒有格格不入的外來客感覺，因為路上各種國籍、膚色的人種通通都有，在人潮聚集的廣場上也不時會聽到各種有聽過、沒聽過的語言。住在彈丸之地的台灣人很稀有嗎？地鐵站出口貼滿了林憶蓮和周杰倫的演唱會海報，我們還不小心跟台灣人問過路呢！但太融入這個世界也有些小缺點，當我們臉上充滿狐疑，看著不了解的東西時，很少會有熱情的當地人主動靠過來為我們解答；想找位路人問問題，除了分不出來當地人或遊客之外，都市內人們移動的速度更是快得無與倫比，從悠閒得要命的東歐飛過來，實在是需要適應一下。

尤其是青年旅館，大批旅客進駐的大城市，青年旅館當然不會少，少的是那種充滿人情味的獨立青年旅館，由企業化經營的連鎖體系取而代之。進門要報房號、用磁卡；寸土寸金的房間內，榨取空間的技術在十二人的上下鋪裡展現得淋漓盡致；一層樓大概只有五間房，但這裡是十層樓的旅館，吃飯時間的共用廚房，不能說是在煮飯，已經有點像戰爭了。當然，地下室酒吧內每天都有不一樣的主題活動，倒是挺吸引人的。

§

倫敦的高消費是眾所周知的，也在歐洲走跳過一陣子的我們，菜單上的價格牙一咬、眼一閉，英鎊也就交出去了；但在這裡遊歷的費用除了住宿和交通費之外，開銷竟然意外地少，因為大部分的公共建設都是免費的。當然包括了許多知名的博

左：在英國舉辦生日派對是壽星的責任，正在忙碌的艾咪姊。
右：這不是哪家熱門餐廳，這是商業化青年旅館的廚房。

物館，這絕對算是一個先進國家的指標，也是我們這些去不了幾星級米其林餐廳的遊客的好歸宿。

安排一場自以為是的文化之旅是必要的，一天之內，三趟博物館巡禮，可真把我們累壞了，大英博物館裡的真實木乃伊，歷史博物館中的巨大恐龍化石，科學博物館內的互動藝術裝置，要參觀的東西太多，要了解的歷史太深，要玩的科學體驗實在太有趣！用腦過度的我們，返回旅館時，眼神看來已經有點痴呆。想當個文藝青年還真不容易啊！我們是膚淺的背包客。

隔天因為受夠了第四、第五和第六個免費博物館，信用卡一刷，哈利波特片場才是我們的世界。大概因為哈利波特本來就在倫敦拍攝的緣故，抵達指定車站，搭上改裝費用都省下來的雙層巴士接駁車，馬上就有一種坐在哈利旁邊的錯覺。雖然去的是片場而不是樂園，鐵皮屋外觀的園區把我們拉回了現實，但沒關係，排隊入場的過程中，牆邊就出現了令人興奮地想尖叫的場景。

片場利用消防梯的下方，神奇地還原了哈利波特被舅舅打壓時住的房間，販售各種巫師道具的斜角巷、有點恐怖的古靈閣銀行，甚至是一比一的海格巨人套裝。一旁拿著相機猛拍的遊客們，完完全全是麻瓜闖入了霍格華茲會出現的反應。

看M拿著一根魔杖，後面還跟著幾個孩子，一群人排排站在工作人員扮成的魔法老師前，手舞足蹈地學習各種稀奇古怪的咒語。當M的魔杖一指到我時，一個皺眉，比魔法還有用，配合著昏倒，瞬間失去了所有記憶。

§

回到住宿處，就在苦惱到底要不要續住彷彿大雜燴的青年旅館時，靈機一動突然想起，在倫敦我們也是有當地朋友的，而且是熱騰騰的新朋友喔！在非洲認識的英國姊艾咪，是個道道地地的倫敦人，在那一個H用生命與非洲少年Battle舞蹈的滿月派對上，艾咪成了H的舞蹈弟子。雖然H也只教得出來一些開車舞、公雞舞、大象舞等等莫名其妙的東西，但已經足夠讓艾咪直說著「如果到倫敦一定要去找她」。恭敬不如從命，一封e-mail很快就得到艾咪回應。有地陪的倫敦，人情味又回來了一些。那幾天剛好遇到艾咪的生日，為了禮物想破頭的我們，跑到書店買了本書封上印有大大「TAIWAN」字樣的寂寞星球旅遊書送給她：

「如果來台灣玩的話，記得一定也要來找我們喔！」

旅途小彩蛋 ｜

超龐克的肯頓市集

我們還去參觀了英國龐克次文化的聚集地，高聳的龐克頭、超厚的平底鞋或者全臉穿洞的年輕人，在這裡一點也不突兀，帥氣的超緊皮衣丟在路邊攤賣，刺青店更是彷彿便利商店般兩三步就有一家，好的，這裡絕對是倫敦的西門町無誤！

CHAPTER 3

最熱情的古銅色　南美洲

YAMAHA

貧民窟上的世界盃前哨戰（上）

前方店家西裝筆挺的賣著高價珠寶，後門的刷鞋小販穿著不合身的T恤，大概只有小學生的年紀，沒有客人，利用地上的鐵罐踢起了他們的足球夢，繁華和貧窮只隔不到一條街的距離。

——H

上山前還嘻皮笑臉的搞笑。

離開了冷到令人翻白眼的英國，把長袖長褲亂捲成一坨塞進了背包底層，雖然這樣的形容有點矯情，但這裡連空氣中的味道，都能嗅出中南美洲的熱情，引頸期盼的巴西，我們來了！

§

抵達里約熱內盧（Rio de Janeiro）已經傍晚，坐上豪華的機場計程車，司機大哥飛快地朝我們的旅館猛踩油門，回想起來那天霧氣很大，開快車實在不是個明智的選擇，但當時興奮的我們好像完全沒在顧忌，只是看著窗外，痴痴地笑著說：

「我們好像在上演《玩命關頭》

喔！科科……」

大概是天氣的關係，白天的巴西街頭其實有點「東南亞」。暖色系為主的平房和棕櫚路樹，感覺愜意得很。昨天還走在倫敦街頭當個黃皮膚的亞洲人，現在走在巴西人旁，膚色卻略顯過白，不太健康，但腳上那雙從台灣帶來的巴西哈瓦那拖鞋，讓我們跟所有的路人打好了第一個國民外交。

不知道是訂的旅館位置不夠好，還是接近旅遊淡季，旅館裡的旅客不多，櫃台小帥哥成為我們的私人顧問。他熱心地告訴我們幾點之後最好不要出門，哪些區域他自己也不敢去，十足享受著當青年旅館櫃台的那種樣子。

浪大到擔心回不來的海灘游回來，人多到走不動的市集也鑽出來了，與真正國際級的旅遊勝地面對面，算是長見識了。朝向濱海公路旁的高級飯店望去，露台上奢華的戶外泳池自成一格，誇張的遮陽帽配上太陽眼鏡，手上一杯彩色的雞尾酒，居高臨下的視線，這大概就是所謂的上流社會的樣子。但就算表面上如此光鮮亮麗，我們還是不時會注意到懸殊貧富差距下產生的無奈。前方店家西裝筆挺的賣著高價珠寶，後門的刷鞋小販穿著不合身的T恤，大概只有小學生的年紀，沒有客人，利用地上的鐵罐踢起了他們的足球夢，繁華和貧窮只隔不到一條街的距離。

§

「我們看到了巴西的旅遊景點，但好像沒有看到巴西的生活耶……」M吃晚餐時突然說道。

我們打量著皺巴巴的地圖，標記著這幾天跑過的地方，果然生活是殘酷的，那些景點外的地區，都是被叮嚀不要前往的，我們猶豫著，走向了櫃台。

「其實基督山（Cristo Redentor）下面有個貧民窟，好像有開放遊客參觀，聽說還有遊客中心呢！」櫃台人員順手幫我們標記了位置，轉眼間就安排好了明天的行程。

但到了隔天，不是我們高估了自己的腳程，就是地圖的比例尺有問題，地圖上標記的紅色叉叉比想像中遠得多。雖然抵達目的地時已經下午三點了，我們仍然一派輕鬆地找尋著遊客中心，但別說遊客中心了，連一家雜貨店都沒看到，我們硬生生地闖入了完全沒有遊客的住宅區。

「前面有個小姐坐在那，去問問她吧！」我說道。

「摳尼機哇！」我們只聽得懂這句，那位小姐突如其來地冒出一大串日語問候，讓我們有點不知所措。

解釋來意後，她急忙道歉，以為我們是來自日本的遊客，但我們的確問對人了，因為她就是遊客中心服務員沒錯，而她正坐著的凳子和前面那張小桌子，大概就是「遊客中心」了吧。寒暄一下子，她指指上坡的小山路，往上走就沒錯了。

四周的房子越來越矮，路面的柏油也越來越殘破，可以確定已經進入當地人所謂的貧民窟。依照手機拍下來的地圖，走向接駁至山上的電梯亭，有點像小纜車的設計，對我們來說挺新鮮的，沿途拿起相機東拍西拍，十足的遊客樣。

電梯還沒下來，居民們也漸漸地聚集到了電梯亭旁，買完菜的三姑六婆聊著天，剛下班的大叔則一臉倦容抽著菸；突然發現，除了我們兩個之外，完全沒有任何一個像是遊客的人存在。這時巨大的電梯抵達，沒時間猶豫，只能硬著頭皮跟大家一起擠了進去，兩人的突兀感在小空間內更加明顯，我們低聲討論著，站在門口旁的白人，那唯一有機會也是遊客的，等等出門跟著他一起走準沒錯。但電梯門一開，別說門口的白人了，所有的婆婆媽媽大叔大嬸瞬間鳥獸散，消失在錯綜複雜的巷弄內，不留一絲雲彩。

§

山腰上的貧民窟其實有點像更加擁擠的九份山城，當然，沒有規劃好的遊客標示，也沒有古色古香的傳統建築，剝落的紅色磚牆內，傳出音質不太好的電子樂，水泥鋪成路面，更是看起來存在得有點勉強。面對空無一人的前方，別說該往哪個方向走了，該不該繼續往前走都是一個問題。此時小巷內出現了一個中年男子，緊盯著我們筆直地向我們走來，開口了，用著不太流利的英文問我們是不是迷路，揮揮手一個轉身，要我們跟著他走就對了。

#我們在貧民窟
#落單的兩個遊客
#里約很多槍

冷汗流下了一大滴，腦海裡出現的各個關鍵字，都顯示著我們兩個現在的處境，這突如其來的友善，可能是我們一路上面對最大的煎熬。不過既來之，則安之，就跟上去吧！

當然，當下完全不是這麼想的，我們默默地跟他保持了距離，穿梭在不像路的路之中，口水吞不完，經過的每個小巷旁都非常擔心，心想著會不會有攔路虎從哪跳出來；任何的風吹草動，就像木頭人的指令，暫停了我們的動作。短短幾分鐘的路程，像在拍電影一樣膽顫心驚。終於，大叔停下腳步。

「到了，麥可就在那裡！」大叔指向空地上的一個雕像。

這裡是曾經轟動全巴西的麥可傑克森拍MV的紀念地，我們終於了解大叔的用

鄰近高樓旁的正是貧民窟聚落，貧富差距清晰可見。

睡到中間夾層的M只能祈禱自己早上不要太有活力地坐起來。

意，回頭要致謝時，他已經像風一樣的消失了。為了化解剛剛的緊張氣氛，我深吸了一口氣，由丹田經過了肺部，氣管通過了小舌，發出了麥可的經典叫聲：

「嗚呼！」而且，還有帶動作。

旅途小彩蛋 |

物價之高

老早就聽說巴西的貧富差距很大，但萬萬沒想到我們竟然是被分配到靠近貧窮的那一方，兩百多塊台幣的麥當勞，六十多塊台幣的沒包餡麵包，要不是旅館裡有小廚房，我們可能很快就會逃跑。友人還告訴我們當地驚人的稅賦，只能說：辛苦了，巴西人。

意外達成了成為巴西足球隊員的心願。

貧民窟上的世界盃前哨戰（下）

教練當裁判，以H和助教兩人為隊長，開始交互選人。從外表來看，H比助教高大多了，孩子們用發光的眼神望著他，彷彿相信跟著H一定會贏的樣子。

——M

對一路上所抱持的敵意與懷疑已來不及補償，現在只能充滿歉意地瞻仰麥可傑克森的雕像。這樣自己嚇自己的遭遇，大概也算是自助旅行的趣味之一吧！旅程就是這樣，遇到好人之後，路邊的野草彷彿都變成花園，殘破的磚牆看起來也有點潮潮的藝術感，廉價音響傳出來的電子樂，混音效果宛如超前衛的DJ表演。我們放鬆了警戒，嘻嘻哈哈地討論著剛剛什麼事也沒發生的驚險狀況，繼續朝著貧民窟的頂端走去。

其實在山腳的地圖前，眼尖的H就已經看到了一個重要的地標，默默地引導著有點路痴的我走去。曾經的熱血運動少年H，踏上巴西大陸的那一秒開始，就偷偷以幼稚園時當過守門員的驕傲宣示，一定要見識到巴西華麗的森巴足球才可罷休，而那重要的目標，當然就是那個位在貧民窟頂端的足球場。

「就算沒有隊友，沒有球，我也要去草皮上比劃兩下過過乾癮啊！」這大概就是「曾經」的運動少年的執著吧。

不知道是不是受到了足球之神的感召，明明出了接駁電梯後完全搞不清楚方向的我們，在向麥可打過照面後，整個靈感都來了，穿梭在沒有路標的巷弄中，變得駕輕就熟。印象中只有狹小的階梯殘影，一個回神，一座充滿街頭風格的鐵網足球場出現在我們面前。雖然已經抵達巴西一個禮拜，但見到球場的那一刻，又有一種「我們真的在巴西」的感動，就連每四年才會變成幾天世界盃足球迷的我來說，也有點被這個氣勢壓迫到了。

不過想在草皮上比劃比劃的願望可能要落空了，一位教練和一名看起來像是國中生的助教，正帶著一群國小年紀的小朋友們在熱身，想不到連這裡都有足球課可以上，真不愧是足球王國，內心再次感動。

其他姍姍來遲的小朋友也加入了訓練，不管是基本動作，還是靈活的過人，都難不倒這些小小球員；雖然還是有小朋友難以控制的脫序場面出現，但H說那絕對不是他在小時候踢球的那種層次。隔著鐵網，望著小球員們奔馳在人工草地上的快樂神情，我們看到了貧民窟上的富有。

§

練習到了一個段落，終於到了小試身手、分組比賽的時間，他們看起來躍躍欲試，但還是不時對兩個來自亞洲的國際級觀眾指指點點，三不五時還會朝我們這邊比一比鬼臉，我們當然也禮貌性地回了他們幾個。撥撥地板，席地而坐，這是除了球員之外視野最好的VIP席，不會有更好的位置存在。

錯了！教練突然向我們走來，指了指H腳上在西班牙特賣會上撿便宜買來的足球鞋說：

「你也喜歡踢足球嗎？要不要成為我們的一員呢？」

我們瞪大了眼，面對著突如其來的驚喜，沒想到在巴西的球場上，不只能比劃還能比賽。這是個沒有討論餘地的問題，不上場一定會後悔，H挺起了胸膛朝球場中走去，我的VIP席當然也升級到了場內的球員休息區。有了國際球員的出現，小朋友們更加興奮了，教練當裁判，以H和助教兩人為隊長，開始交互選人。從外表來看，H比助教高大多了，孩子們用發光的眼神望著他，彷彿相信跟著H一定會贏的樣子。這時H才終於從興奮中驚醒，想起自己完全不會踢足球這件事，發光的眼神讓他有點壓力。

「不管了，他們還是小學生，我才是大人，我不會踢足球，但至少我會打籃球，來吧！上場了。」這是賽後H的回憶錄。

抱著正面的心態在運動比賽上是非常重要的，但絕對不是致勝的關鍵。不意外的，除了在場上高大了一點之外，球技停留在幼稚園等級的H，站上巴西國小的足球舞台，別說找機會射門了，接到球都有點困難。而被H選到的小球員們，表情都逐漸從開心變成吃驚。還好，至少H被交叉傳球耍得腳軟時，畫面非常有綜藝感，還能逗得大家哈哈笑。

好在練習比賽不用踢九十分鐘，哨聲響起，小球員們必須回家吃飯了。

教練朝我們直道謝，謝謝我們給小球員跟外國人踢球這難忘的經驗，我們有點不好意思的趕緊回謝。教練興起的跟我們聊起他當足球員的經歷，在退役後選擇繼續教學，就是想要將足球的快樂和希望，帶給這些住在貧民窟上的孩子們。

跟著孩子們嘻嘻哈哈一起下課，打打鬧鬧，不捨道別，我們在貧民窟上的世界盃前哨戰，過程非常精彩。

旅途小彩蛋｜

好像不太靠譜的櫃台

我們從貧民窟平平安安地回到了旅館，向櫃台人員道謝，謝謝他介紹了那麼特別的行程，沒想到他用驚人的表情問我們：「真的去了嗎？」原來他其實是阿根廷人，對里約也沒那麼熟，只是聽說有人去過才告訴我們這個情報，自己是完完全全不敢去的……

生日大快樂

說這是一塊戰鬥得來的蛋糕，一點也不誇張。

離午夜還有二十分鐘，蛋糕也還在烤箱裡，這個敏感時刻可千萬不能讓太機靈的H出現在廚房。我小聲地請塔蒂轉告卡度，轉移H的注意力，聊天或做什麼都可以，就是不能讓他來廚房找人。

——M

明天就是H的生日了，此時的我們在巴西中部的一個小鎮，住在我的巴西好友塔蒂家。雖然能在巴西過生日已經是非常的了不得，但我心裡還是急得發慌，希望能給他一個難忘的生日。

早上，趁H享受早餐後的馬桶時光，我把這個消息告訴塔蒂和另一位巴西好友卡度，一起討論這個生日驚喜，畢竟每天二十四個小時都和H在一起，實在很難祕密行動。

「晚上我們一起來偷偷做個蛋糕給H吧！我的檸檬蛋糕，沒有人吃過不愛的呢！」塔蒂開心地說。

「真是太好了！他們大老遠來找我們玩，明天還是H的生日，我們卻在一個只有夜市，其他什麼都沒有的小鎮。明天該不會還要再去夜市吧？」特地從別的城市趕來會合的卡度，一貫的嘲諷語氣換來塔蒂的白眼。

很快地，大致想好生日的行程，H剛好一臉放鬆地從廁所走出來。塔蒂一個箭步溜進廚房，卡度一屁股坐在沙發上，兩眼盯著電視，好像什麼事都沒發生，我趕緊嘴角一擠，給H一個天真爛漫的微笑。

晚上，卡度和H在電視機前看著UFC綜合格鬥大賽，我和塔蒂在廚房進行今晚的祕密驚喜。平常對吃蛋糕甜點不怎麼感興趣的我，對於做蛋糕甜點更是沒研究，記得上一次做甜點，是好幾年前的某一個情人節，跟著電腦印下來的食譜，硬著頭皮做了提拉米蘇給H當禮物，最後換來的是H的一句疑問：

「這是你自己做的巧克力餅乾還是蛋糕？」有夠白目。

我只能一個步驟、一個步驟，努力地跟著塔蒂的指示，希望一切能完美出爐。電視裡的格鬥比賽似乎接近尾聲，客廳裡傳來了嘰哩咕嚕的幾句葡萄牙語，塔蒂應了幾句，小聲地跟我翻譯：

「卡度問我們蛋糕什麼時候好？他們的電視就快看完了。」我看了看時鐘，十一點四十分。

§

離午夜還有二十分鐘，蛋糕也還在烤箱裡，這個敏感時刻，可千萬不能讓太機靈的H出現在廚房。我小聲地請塔蒂轉告卡度，轉移H的注意力，聊天或做什麼都可以，就是不能讓他來廚房找人。不一會兒，廚房裡聽見了客廳傳來的說笑聲，我鬆了口氣，交給有趣的卡度應該沒問題，可以放心地繼續等待了，但才五分鐘過去，又聽見了卡度的聲音，塔蒂也緊張了。

「他問我們到底好了沒，如果H會講葡萄牙語，他們還能聊久一點……」可惡的比賽，怎麼這麼快就結束了，我們還需要十五分鐘啊！

啊！比賽！我靈機一動，告訴塔蒂：「用葡語跟卡度說，請他叫H教他一些格鬥技巧如何，格鬥這件事情可以讓H專心好一陣子沒問題的！」

很快地，開始聽見客廳搬桌子的聲音，塔蒂走到客廳拿手機順道瞄了一下男孩們：

「喔！你們玩，我們在聊女孩的話題，你們沒興趣的。」

轉身回到廚房，女孩們一起打開烤箱，蓬鬆可愛的鵝黃色和撲鼻而來的奶油、檸檬香，讓女孩們也忍不住擊掌歡呼。

「One! Two! One! Two!」這個時候的客廳開始忙碌了起來，H果然被卡度偽裝的熱情激起了戰鬥魂，舉起雙手指導卡度出拳和踢腳的動作，一遍又一遍地操練著。

塔蒂邊擠著蛋糕上的奶油，邊稱讚我竟然想到如此聰明的點子，讓我不小心得意了起來；但過沒多久，「啊！啊！啊啊啊！」這是從客廳傳來的聲音，H兩手箍住卡度的脖子，一下示範著膝擊動作，一下將卡度左甩右甩的。

卡度用葡語吼著：「快要不行啦！你們快點啦！唉啊！」離午夜剩下三分鐘了，堅持下去啊卡度！你不能倒下啊！塔蒂和我彎著腰試圖忍住快要爆炸的笑聲，七手八腳地做蛋糕上的最後裝飾。

§

「十，九，八，七，六，五……」手機上的數字倒數，我點上蠟燭和仙女棒的手有一點抖，塔蒂一手抓著紙盤、叉子，一手護著火光，而卡度在客廳被H壓在身上，喘著氣，使出渾身解數，試圖解開H的緊緊套牢。

關上燈，手機顯示時間：五月三十日零點零分。

我拿著蛋糕和塔蒂出現在客廳，高唱生日快樂歌，這大概是史上最難聽還伴隨著笑到岔氣聲的生日歌。H從地板上爬了起來，有點不好意思，看樣子是真的沒猜到今晚的祕密驚喜。塔蒂上前拉了卡度一把，「呼，終於得救了！」早已滿頭大汗的卡度，看來是真的免費賺到了一堂格鬥課。

吃蛋糕的時候，大夥你一言我一語地比手畫腳，描述整個準備驚喜的過程，尤其卡度講得最興奮；H不斷向卡度道歉，因為卡度表現得真的很想學的樣子，實在不能讓他失望啊，哈哈哈！

當晚除了壽星獲得超級美味的驚喜生日蛋糕，吃得很開心之外，最得意的莫過於本人了，因為這可是我準備過N次H的生日驚喜以來，最成功的一次啊！

旅途小彩蛋｜

神奇的卡波耶拉

有天我們在公園裡遇到巴西戰舞卡波耶拉的同好團體，這是一種需要體力又需要高超技巧的運動，但沒想到參與的人們，從十歲的小女孩到挺著大肚皮的阿伯，通通都手舞足蹈地在地上翻滾倒立，就連當地人塔蒂也看得一愣一愣。

安卓、露易莎和M，海邊愜意的下午。

雖然大部分的巴西人都嫌棄著政府打腫臉充胖子，硬要承辦二〇一四年世界盃足球賽，但看到他們為了哪一隊比較厲害而鬥嘴的畫面，身為局外人的我們，唯一的感想就是：「我們果然在巴西啊！」

——H

海邊小屋

還住在塔蒂家胡鬧的某個晚上，塔蒂與匆匆地跑來，敲著我們的房門，她正拿著iPad與某人連線當中。我們還沒看到螢幕，就聽到一陣高八度的音調不斷喊著M的名字，原來是M在美國帶營隊時，最要好的巴西三人組中最後一位成員——露易莎。她先是興奮得不敢置信我們真的抵達巴西了，然後就瞬間轉換了表情，開玩笑地質問M怎麼先去找塔蒂，沒有先找她？卡度這時候也擠到螢幕前湊一腳，卻被嘴巴犀利的露易莎敷衍了兩句，只好摸摸鼻子回去看他的足球。就這樣，我們下一個目的地很快就被半脅迫地決定了。沒想到在地球另一端的巴西，我們竟然可以過得那麼如魚得水。

露易莎的家在一個寧靜的小巷裡，陪她一起來接機的男友安卓，和我正扛著行李準備上樓。過於興奮的露易莎和M兩個人聊個不停，當話題談到當時在美國營隊裡，對露易莎窮追不捨的男孩時，溫和有禮的紳士安卓瞬間眉頭一皺，露易莎撩了撩頭髮，得意地說他「現在還是偷偷在意那件事呢」！

躺在沙發上看著電視的露易莎媽媽，起身給了我們一個溫柔的歡迎擁抱。打開客房房門，我們竟晚了一步，一隻高雅的藍眼灰色貓咪茱莉已經霸占了床鋪正中央。平常講話犀利的露易莎用起娃娃音跟茱莉溝通著。抵達這裡的第一天，不禁有種回到家的溫暖。

§

週末的早上，露易莎高亢的聲音又開始不斷呼喊著我們的名字，因為我們今天準備要到海邊的度假小屋過夜，這是很久沒出遠門的露媽媽特地幫我們安排的行程，看得出來，露易莎比我們還興奮。

去海邊當然都期望著豔陽高照，但當天天空卻有點灰濛濛的，畢竟已經快要冬天了，也沒什麼好強求，還好老天很給面子，用力地忍住雨滴，沒有落下來。

目的地的度假小屋不走豪華路線，卻有一種來到貢寮海邊姨婆家的親切感。露媽媽準備好了茶點叫我們下來吃，這時門鈴突然叮咚一聲的響起，一位捲髮碧眼的帥氣少年站在門口，露易莎一股勁地衝上前，抱得他害羞得很，得意地轉頭向我們介紹她這位「小男朋友」魯卡斯，我們的頭也轉向了，看著正牌男友安卓。他乾笑著解釋其實是表弟才對，開玩笑的作勢要修理魯卡斯。原來露易莎舅舅的家族剛好也在附近度假，收到了露易莎的通知，就跑來串串門子，多了一個小帥哥加入，小屋裡又更熱鬧了。

晚餐我們到鎮上解決，炭烤雞心是巴西著名的食物之一，雖然動物內臟是很多歐美旅客的地雷，但吃山吃海吃天下的亞洲人當然直接來個兩串過癮一下。不過當露易莎在點餐的時候，我們卻感覺到有點不舒服，因為雞心的葡萄牙文跟中文髒話的三字經竟然有著異曲同工的諧音，不說則以，一說煩人。小帥哥魯卡斯畢竟還是臭小鬼的年紀，一喊「雞心」，M就會變臉，成為他今晚最好玩的遊戲。

§

吃完晚餐，順道到了露易莎的舅舅家拜訪，一進門我們兩個便受到了熱烈的歡迎，畢竟要看

左：看球的阿姨比踢球的球員們還要激動，衝啊！

GRÊMIO

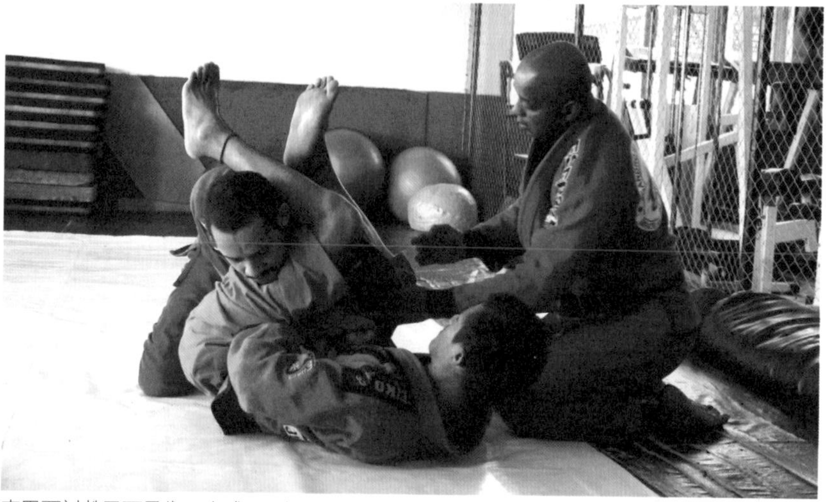

來巴西討教巴西柔術，完成H一個小小願望。

到兩個遠道而來的台灣人不太容易，舅舅舉起了iPad，上面顯示著某個徽章，露易莎反應很大地把我們推開，叫我們不要理他，原來是一個巴西足球隊聯盟的隊徽，安卓也趕緊拿出了手機搜尋，推薦我們支持另一支球隊。

「啊！你們慢了兩步，因為塔蒂和卡度也推薦了我們兩支不一樣的球隊。」我們大笑著說。

雖然大部分的巴西人都嫌棄著政府打腫臉充胖子，硬要承辦二〇一四年世界盃足球賽，但看到他們為了哪一隊比較厲害而鬥嘴的畫面，身為局外人的我們，唯一的感想就是：「我們果然在巴西啊！」

話題終於回到我和M身上，舅媽對我們環遊世界的過程最有興趣，所有人圍著圈圈，聽著她對我們的專訪。魯卡斯從廚房拿出了一壺熱水和一個木頭小甕，裡面放著一支金屬棒子和一些謎樣粉末，瞬間大家的注意力又從我們身上移開了。安卓趕緊跟我們介紹，這是一種名為「馬黛茶」

的巴西傳統飲品。熱水一倒，沖起來的樣子有點像是客家擂茶，但他們不分到茶杯裡喝，那根銀色的金屬棒除了攪拌的功能外，貨真價實的竟然還是根吸管。用吸管喝熱茶，這方式倒是挺新鮮的！

原本以為那是杯獨享杯，但魯卡斯吸了幾口後就開始「傳」了起來，家人們一口一口地吸著，喝完了一杯，倒熱水再續泡。我們當然也喝了好幾口，味道不賴，有點像青草口味的抹茶。安卓再說道，或許有些外國人覺得不衛生，但在巴西，當有人將杯子傳給了你，就代表你是他珍惜的家人朋友喔！趕快猛吸一大口。

§

回程那天，太陽終於露臉了，我們找了間餐廳吃午餐，但露媽媽卻不見了。過一會她提了一袋東西回來，原來可愛的露媽媽偷偷跑去買了紀念品，皮製的鑰匙圈上燙上了我們的名字，花俏的毛手套溫暖極了。露媽媽像是發禮物給孩子一般，將紀念品遞給我們，我們順勢把鑰匙圈別上了包包，袋子裡面還裝了條超大的巴西國旗海灘巾，安卓看到了馬上提議：

「不如待會再繞去海邊躺一下吧！」

旅途小彩蛋 ｜

巴西柔術的威力

H踏到巴西的土地上就是為了足球和巴西柔術，後者被視為目前世界上最強大的格鬥技之一。安卓雖然不是運動高手，但對此也略知一二，動用關係讓H得到了一次免費訓練。下課後，H笑咪咪的說出四個字：我快吐了。

終於復活島

大概聊得太盡興，忘記了四周漸漸變亮的景色，突然，刺眼的陽光從並列的摩艾像間隙中竄出，我們刻意地坐在和明信片上一樣的地點，一樣的角度，但卻得到完全不一樣的震撼……

——H

H和大哥一同遠望。

離開巴西，飛越了阿根廷來到智利，在首都沒多停留，就期待著離開，因為我們急著要去那裡！傳說中的復活島（Easter Island）。

「這裡有一種非常不真實的感覺。」下飛機後，我突然脫口而出。

對從小有著開電動玩具店夢想的我來說，復活島上巨大的摩艾像（Moai）應該是遊戲裡才有的場景，尤其是從智利本土搭乘小飛機抵達復活島時，在那嬌小的機場落地，真的有「來到下一關」的幻覺。

但我們一下飛機就卡關了，下榻的旅館便宜得很有問題，老闆在網路上價格少打了一個零，要求退費時還心不甘情不願的，抱怨著自費準備了接機時的歡迎花圈。我們二話不說把脖子上的花圈還回了去，迅速地逃離這關突如其來的小Boss。

§

復活島跟一般的景點不太一樣，摩艾像也不只有一尊兩尊；機場內旅客中心發放的地圖，註記著各具特色的摩艾像方位，包含了特徵、尺寸等等資訊，讓我向M吵著說要跟著這張攻略一起破關！

雖然復活島不大，但要用走路的方式移動還是行不通的，開車太奢侈，騎腳踏車又太刻苦，機車還是最好的選擇。但這裡的機車都是大輪徑的，跟一般的速克達有些不同，「大概是進貨比較便宜的關係吧！」租車時我們是這麼想的，但進入環島道路時，我們馬上得到了大輪徑的正解。

那馬路顛簸得很，柏油路斷斷續續，後座的M被抖得哇哇叫；前座的我卻是充滿了鬥志，因為真的好像在過關！島上沒有什麼路標，用來認位置的方法就是路邊一尊尊長相各異的摩艾，因此在認路時，會產生以下這種對話：

「我們剛剛超過『厚道王』了沒？」

「你是說長得像楊X緯的那尊嗎？還是戴石頭帽很潮那一個？」

這是一種很需要想像力的認路方式。

那是一個清爽的早晨，我們相約住在同個旅館的日本女孩阿優米一同前往觀賞日出，摸黑走到了一群巨大的摩艾像身後，期待著神奇的景象。等待過程中，我們問起了阿優米前來的動機，因為她看起來和景子一樣，實在不太像會是單獨出來旅行的那種日本女生。

她露出了心事重重的笑容，然後開始靜默，我們心想大概問到了不該問的話題，只好假裝沒事，看著前方黑漆漆的天空。果然，日本人壓抑的性格終於爆發，她突然開始講起了過去煩悶的辦公室生活，而男友也在她最脆弱的時候選擇離開，不小心就造就了她一個人拋開一切出來旅行的結果。看她劈哩啪啦說上癮了，我們就接著問道：

「那為什麼是復活島呢？」我們期待著充滿哲理的答案。

「因為……因為……想要出國……而且這裡看起來很酷……」她害羞地回答。

我們一起大笑，安慰了她一下，也聊起我們的環球故事；大概聊得太盡興，忘記了四周漸漸變亮的景色，突然，刺眼的陽光從並列的摩艾像間隙中竄出，我們刻意地坐在和明信片上一樣的地點，一樣的角度，但卻得到完全不一樣的震撼，下巴不受控制的慢慢往下掉，瞪大雙眼造成的額頭皺紋，一時半刻也消除不掉，看現場演

左：H和親戚席地而坐聊未來。
右：護照上蒐集到摩艾印章的這一刻只想尖叫！

唱果然還是比聽CD過癮啊！「REALLY COOOOOOL!」

§

短暫的復活島之旅過得飛快，最後一天的午後我們停止了奔波，決定坐下來和摩艾們共賞最後一晚的夕陽。全島的石像群都面朝西方，正好與我們同個方向，天空從藍、變黃、變橘，直到身邊的路燈漸漸亮起，有一種剛認識新朋友又要別離的揪心。回過神來，我們已經在前往機場的路上了，不可思議的感覺沒有在離開後消失，反而在回程的小飛機上越來越強烈。

有人說復活島上的巨石摩艾是外星人建造出來的，但長臉大鼻的摩艾們卻與有點「厚道」的我有著兄弟臉。整趟旅程都跟他們稱兄道弟的，我任性的下了一個結論：

「怎麼會來自外星呢？我覺得非常親切啊！」

旅途小彩蛋 ｜

復活島上的隱藏菜單

復活島上的餐廳貴，食材也很貴，畢竟就連雞蛋也是要坐飛機的。有天阿優米推薦了島上日本人開的日本料理店，一打開菜單果然還是貴鬆鬆，原本打算硬著頭皮點餐的我們，被阿優米阻止了，她用悄悄話小聲地說這裡有背包客隱藏菜單，然後好大一碗的牛丼就出現在我們面前，經濟又實惠。

超乎想像的成熟

飯後一起在客廳聊天的以色列女孩和墨西哥朋友。

回到沒暖氣的冰冷房間，想著剛剛的聊天內容。兩名以色列女孩，為了更了解外面的世界，開始了分工合作。一個學習英文，一個學習西班牙文，完全沒有因為國家問題或政治因素的關係，而給她們停止探索的藉口。

——H

來自亞熱帶國家的我們，正畏縮在電影裡才看得到的大火爐前取暖，狂風暴雪的天氣讓我們確定這絕對不是電腦動畫做出來的景象。

旅館的管家大叔再次冒著風雪出門，取回剛劈好的木柴，熟練地丟入火堆中。

「這樣好多了吧！哈哈哈。」

大叔帶著濃厚的口音說著，用那雙爽朗又溫暖的眼睛，歡迎我們這兩個來自世界另一端的旅客，我們正在南美洲智利的普孔（Pucon）。

一陣打鬧聲打破了凝結的空氣，四名年輕人狼狽地跑進屋內，一邊拍打著身上的積雪，一邊走向我們。彼此禮貌性地打了聲招呼，火爐邊的聯誼大會正式展開。

一個頭戴民俗風毛帽和黑框眼鏡，就算留著滿臉的大鬍子，也不難猜出他是一個小文青的男子，先開始了第一波進攻。

「歐拉，我叫米蓋爾，很高興見到你們，請問你們來自哪裡啊？」

「我們來自台灣，你們應該是從墨西哥來的是吧?!」

「咦？你們怎麼知道?你們聽得懂西班牙文嗎？」

「不，你們人手一包多力多滋呢！」他們看著彼此手上的零食，刻板印象的笑話讓大家笑成一團。

我們很快就打成一片，在大家有說有笑之際，角落的房間也走出兩名女孩加入了我們，她們來自以色列。沒錯，就是那個以色列，我們再次確認了一遍，話題也很快就從塔可餅跳到了神祕的中東國家。

不得不說，她們才是真正見過大風大浪的民族，侃侃而談著以色列連女孩也要經過當兵的洗禮，小時候還擔任過戰爭補給的工作，但現在狀況很好，閒暇之餘也跟其他國家的年輕人一樣，前往市中心逛逛百貨公司之類的。正當我們即將消除以色列人在CNN新聞上的緊繃印象時，其中一個女孩冷不防地補了一句：

「但我不太清楚我父親的工作內容，好像有很多國家，他是被禁止入境的。」

不只來自台灣的我們，那四位墨西哥Amigo朋友也張大了嘴巴。

回到沒暖氣的冰冷房間，想著剛剛的聊天內容。兩名以色列女孩，為了更了解外面的世界，開始了分工合作。一個學習英文，一個學習西班牙文，完全沒有因為國家問題或政治因素的關係，而給她們停止探索的藉口。來自墨西哥、如拜把兄弟的四位高中同窗，則計畫在大學期間努力存錢、到處旅行，親眼目睹世界的美；當晚他們才從智利旁邊的阿根廷離開沒多久，經歷了一場酒吧搶劫的驚魂夜。其中那留著誇張中分的年輕人，還笑笑地跟我們說：

「皮夾被搶就算了，他的HTC手機在墨西哥可是搶手貨呢！」

想當然爾的我們丟出了最台灣式的反應，問起那裡是不是很危險之類的問題。他叫我們別緊張：

「旅行的驚險，反而成為今晚火爐旁最精彩的故事了，不是嗎？」

§

左：每到傍晚，旅館大叔會從院子搬木頭進來添柴。
右：暖爐必備的木材放在水果攤的最前面。

記得那天晚上我們聊到了午夜才肯解散，一一留下了彼此的聯絡方式，期待下一次也許又可以在旅途中意外巧遇。他們驚訝地稱讚我們的亞洲臉孔，完全看不出來大他們至少五歲以上，我們也吃驚地讚嘆他們，竟然能在大學時期就有這樣的勇氣和行動力。

或許是文化差異，或許是個性因素，或許有更多的或許，讓我們在二十歲的時候，誤以為自己只是個什麼都做不到的大學生，酸溜溜地羨慕著別人，卻還沾沾自喜地坐在電腦前，說著自己的夢想有多遙不可及，就說說而已。

呼，好險，至少我們已經開始行動了。

旅途小彩蛋 |

雪中的溫泉

我們前往小鎮旁的野溪溫泉鬆一下，廣大的溫泉腹地沒有幾個遊客，兩個人霸占了一整個大池，上半身還迎著小雪。算準了巴士時間上岸，但遲遲的就是等不到車來，管理員幫我們打了電話確認，司機認為這個天氣沒有人會出來泡溫泉就折返。唉，只好花大錢回家了，TAXI！

接近零度的蒙特灣港街道。

蒙特港灣

接著上場的是貽貝湯，兩個手掌大的碗公，裝著快要溢出來的熱湯，湯面上浮著類似淡菜的貽貝，看得出來絕對沒有偷工減料；但湯一入口，我和M同時做出了「怎麼那麼鹹」的表情……

——H

前往南極來場驚天動地的破冰之旅，這是多麼值得說嘴的一件事啊！但站在旅行社面前的我們頓時就幻想破滅，在智利有點失去目標，那驚人的費用看來不是普通背包客可以承受的。不過充滿韌性的我們仍任性決定：

「不管！能走多南，就走多南吧！」

從首都聖地牙哥（Santiago）南下，搭上近二十小時的長程巴士，離最南端的城市還有一大段路程，我們在中繼的蒙特港（Puerto Montt）停了下來，這是智利南部發展最快的城市，但離真正的大城市還有一段差距。

車站沿著港口建置，從候車區的落地窗就可以看到一望無際的大海，但我們無暇欣賞，只想趕快前往民宿落腳。想不到地球緯度造成的溫差有那麼大的威力，羽絨背心加上防寒外套，裹上圍巾又帶了毛帽，為什麼還可以像是裸體一樣讓我們兩個抖個不停？還好，不夠富有也是溫暖身體的一種方法，因為預訂的便宜民宿竟位在山丘頂端，步行抵達時已經讓人氣喘吁吁，身體都暖起來了。

民宿奶奶人很好，雖然用英文溝通時都雞同鴨講，但還是貼心地把我們從雅房換到了套房，不管是上廁所還是煮飯，都不用離開房間，通過那寒風刺骨的走廊。正想躺下進入冬眠狀態時，卻聽見奶奶在房門外敲門喊著；門一開，她竟然扛了一大桶瓦斯桶站在我們面前。本以為是要用來補充角落的小廚房，但奶奶卻叫我幫忙直接扛到房間深處，原來這是老式暖爐發熱的燃料。這暖爐的構造非常簡單，透過瓦斯桶點火，燃燒石綿加熱，提高房間的溫度。在平常，擔任整個旅程安全警衛長的我，一定會下令關閉暖爐，以策安全，但在這種情況下，最後還是忍不住開了兩台。

§

隔天早上，我們瑟縮在被窩裡不想起床，直到肚子裡的熱量被寒冷給消耗殆盡，不得不面對非下山採購食物不可的窘境。這才把能穿能帶的衣物都套上了，重裝上陣，勇敢踏出房門。

蒙特港是個不折不扣的捕魚海港，由於擔心到市場買完食材再爬山回家煮會餓死，我們決定奢侈一點，享受一餐外食來祭祭五臟廟；根據以往的經驗值，已經能夠判斷大街上那些招攬遊客的餐廳不會是好選擇。穿過雜貨店，走進傳統市場，在盡頭的矮房裡，發現一間當地人絡繹不絕的小餐館，牆上菜單果然是一個也看不懂的西班牙文，用上點指兵兵的點菜方式，我們只能祈禱帳單不要破表。

上菜了，由久違的魚排飯打頭陣，吃來是張安全牌，給個八分。兩人吃一盤的戰術是我們的拿手好戲，有肉有菜有速度，像極了放學後衝進便當店的高校男生，狼吞虎嚥，快速解決。

接著上場的是貽貝湯，兩個手掌大的碗公，裝著快要溢出來的熱湯，湯面上浮著類似淡菜的貽貝，看得出來絕對沒有偷工減料；但湯一入口，我和M同時做出了「怎麼那麼鹹」的表情；看看隔壁大嬸吃得津津有味，這大概就是當地口味了。秉持著「吃得進去的就是食物」的精神，我們開始慢慢享受這碗當地口味；五分鐘後效果出來了，大份量的貽貝湯，吃起來簡直像在扒飯，每一口都是滿滿的貽貝，加上鹹度很高的湯底，熱量想必高得驚人。原來讓人感覺溫暖才是這碗湯的祕密啊！有機能作用加成的食物，打個九分絕對沒問題。

吃完前兩道菜，其實已經有點飽足感了，但我們還是留了點位置，等待著最後的壓軸登場。

登愣！大會報告，大會報告，生蠔來了！生蠔來了！

有錢人的享受竟然在小館裡也點得到，不吃怎麼對得起自己？這裡的生蠔不是帶殼擺盤的，竟然很隨便地全部挖下來倒入碗中，加上了醋、檸檬、洋蔥、香菜等香料調味後上桌。

用湯匙吃生蠔還真是初體驗，海中的鮮味加上酸酸的檸檬提味，老天爺啊！我現在徜徉在大海！給個十分沒問題！

再多吃幾口，十分，九分，八分，七分，……分數開始往下掉了，正所謂物以稀為貴，生蠔這種東西在台灣，就算到吃到飽的自助餐廳，也會在員工擺盤後被一掃而空，但突然在你面前擺出一碗滿滿將近二十顆的生蠔時，我們已經不只徜徉於大海了，都快變成一條魚啦！

§

之後每到天氣冷的時候，我們都會想起在蒙特港的日子，遇到溫暖的人，吃到溫暖的料理，寒冷的空氣襯托著當下的美麗；最重要的是，完全不用花到大錢，那一餐的帳單，可是台幣四百塊不到呢！

旅途小彩蛋 |

菜市場裡的神物

明明就沒下雪，但當地零下的溫度真的快要把腦子凍僵了，我們決定去菜市場找找看有沒有禦寒的衣物可以擋一下，結果真的找到超厚的衛生衣！這菜市場價格的神物，一路幫我們抵擋寒風到回國，這就是高CP值啊！

世界的尾巴

大雪澆不熄我們在世界最南的熱情，當然也阻止不了我們跟企鵝的約會，凌晨四點半的天空還沒亮，本以為來接待的會是一台商業化的旅遊小巴，但一輛再平凡不過的房車停到了我們的面前……

——M

從蒙特港朝智利最南端城市前進有三種方法，第一個選項最簡單，上網刷卡買機票，又快又無聊；第二個選項最浪漫，搭乘短程破冰船一路南下，來個優雅的三天兩夜之旅，但是船票的價格好像可以飛回歐洲了；最後一個選項最酷炫，就是前往港口，一艘一艘漁船問有沒有順路，一小趟一小趟地向南方前進，但很有可能會被載到連你媽媽

企鵝先生我來啦！

都找不到你的地方。如果時間再多一點，我們一定選三！如果口袋再深一點，體驗一下選項二也不錯！但藉口就是藉口，我們很膽小地請了民宿爸爸送我們前往當地機場。

機上滿滿的乘客很難想像現在是淡季中的淡季，一旁喧嘩的大學生們難掩興奮的情緒，可是隔壁的大叔大媽還沒起飛就睡著了，清楚的用面相就可以分得出來，哪些是遊客，哪些是居民。

距離我們的目的地有三個小時左右的航程，就當聊到「有點失望，得用最平淡的方式坐飛機前往」時，飛機先生給了我們一點回應。安全帶警示燈亮起，廣播通知亂流來襲，機身開始輕微晃動，正在發餐點的空姐退回了座位。搖晃的時間比平常遇到的長了一些，但還在能接受的範圍，大學團的男孩們鼓譟著，安全的通過了第一回合。

平靜過後，再度起身的空姐剛好走到我們身旁，選了蘋果汁的H才剛接下杯子，突如其來的震動讓果汁灑了一桌，空姐也踉蹌的扶握在椅邊。警示燈再度亮起，但廣播還來不及通知，機身搖晃的幅度已越來越明顯，空姐用逃跑的方式跑回座位，讓人看得有點擔心。

隨著搖晃程度的加劇，已經不是用顛簸可以形容，出現了像坐雲霄飛車的那種失重感。調皮的男孩們漸漸閉嘴，瞪大了眼睛，睡著的大叔大媽也被驚醒，我緊握著座椅，不敢碰到身邊的H，他還在和手上那杯灑了一半的蘋果汁搏鬥著。如果旁邊有攝影機，應該會以為我們在參加綜藝節目的某個橋段吧！

飛機最後有驚無險地在眾人的掌聲中安全降落，我們也終於抵達了號稱世界最南端

搖到智利瞧

的城市之一——蓬塔阿雷納斯（Punta Arenas）。

§

淡季的好處就是旅館的價格非常好說話，住不滿意就換一間，間間空房給你挑；壞處就是天氣太冷，冷到連想看的企鵝都游到北部避寒。

問了幾家旅行社都得到同樣的答案，就剩對街那間最小家的沒問過了，我們帶著既期待又怕受傷害的心情推開了大門，老闆瀟灑地打了幾通電話後就笑笑地告訴我們，最後一群野生國王企鵝還沒離開，當下趕緊訂了行程，期待著明天的到來。

在回家的路上，我們訝異起街邊的地面怎麼突然開始發霉，而且擴張的速度好快！蹲下仔細一看竟是地板結霜，水灘跟著結凍，大地開始結冰，像極了《超人特攻隊》裡冰凍俠的出場畫面。靄靄的小雪花降下，但不到五分鐘的時間，小雪花開始變成暴風雪，我們邊抖邊跑的衝回旅館，這樣的天氣，難怪企鵝們都要北上避冬啊！

大雪澆不熄我們在世界最南的熱情，當然也阻止不了我們跟企鵝的約會，凌晨四點半的天空還沒亮，本以為來接待的會是一台商業化的旅遊小巴，但一輛再平凡不過的房車停到了我們的面前，一位和藹可親的帥爺爺招招手，示意我們上車，表明了他就是今日行程的導遊兼司機。

寒暄幾句之後，爺爺告訴我們還要再去接一位客人。抵達了另一間旅館的門口，走出來的竟然是一位年紀跟爺爺年紀相仿的法國婆婆；爺爺紳士地攙扶婆婆上車，車上的組合變得有點奇妙，原本單

上：暢飲午餐中奶奶突然送上的蜜月紅酒。
下：這裡的樹木都有髮禁，大家都是蘑菇頭。

純的地陪和背包客之旅，變成了有點像父母親帶成年小孩出遊的感覺。

前往造訪企鵝家族的路程有點漫長，欣賞荒野上成群跳羚的舞姿和回答前座兩位長輩們提問，變成打發時間的最好方式。我們分享著結婚後就出來環球旅行的故事，爺爺說著世界最南端的總總；婆婆是個優雅的聆聽者，卻默默說出了「哪有六十幾歲的單身女性就不能當背包客」的青春論點。說著說著，車子準備登上渡河的運輸船，車外圓滾滾的野生綿羊也陪著一起排隊；終於，我們在一片一望無際的荒野邊停了下來。

「企鵝就在前方了。」爺爺指向了一個不明顯的小關卡。

車外的空氣凜冽刺骨，呼吸都有點困難，我們仍舊像前往遊樂園的小孩一般飛奔了過去，企鵝家族的「鵝」數不少，有的趴著，有的坐著，有的扭來扭去繞著圈；有的像在跟我們揮揮手，我們當然也開心地向牠們揮揮手。爺爺扶著婆婆跟了上來，雖然婆婆的行動不像年輕人靈活，但從她的表情中依然可以看出，她擁有年輕的靈魂。

旅程結束前我們共進了一餐，坐在餐廳裡的我們問著爺爺，有沒有看到婆婆去哪了?他說她去旁邊辦一點事，我們沒再追問。直到餐點上來，婆婆剛好也回來了，她從紙袋中拿出一瓶紅酒遞給了我們，笑笑的說：

「新婚快樂！」

旅途小彩蛋 |

願賭服輸

第一天我們住到了一個民宿中的民宿，男老闆去工作，女老闆去上課，只剩下我們和兩個小朋友顧家。當天剛好是NBA最後一場總決賽，我們賭馬刺，兩個小鬼賭熱火，結果我們竟然輸了，偷偷給他們吃了媽媽禁止的洋芋片。噓！不要跟別人說。

祕魯的小朋友戶外教學，是拉繩子當火車的概念。

利馬，溫暖的家

和潔琪一家的互動是那麼自然，語言的障礙不時變成充滿趣味的笑話；即使在台灣沒有親臉的文化習慣，我們每天仍和潔琪一樣，親吻潔琪爸媽的臉頰說早安及道晚安，絲毫不覺尷尬。這裡，成為我們在祕魯的家。

——M

祕魯（Peru）的潔琪也是我在美國營隊認識的朋友，她知道我們正在環球的旅途當中，熱情地邀請我們住在她家，說要當我們的當地導遊。潔琪的爸爸陪她一起來接機，站在潔琪身旁的他，個

與可愛的潔琪一家人合照。

子和潔琪一樣矮小，雪白頭髮旁分得整齊，粗短的眉毛和大大的鼻子，看上去還真像《魔戒》裡面可愛的哈比人。

「到家了，Home, Sweet Home.」潔琪笑著說。

一段顛簸的車程之後，手忙腳亂地抱著大包小包的行李下車，打開一扇紅色鐵門，揹著大包包的我們差點卡住，眼前是防火巷般一長條陰暗的走道，走道旁一間一間的小門才是住戶。狹長的屋內空間不大，兼任餐廳的客廳裡，擺設更是非常非常地簡單，長方形木桌圍著幾個圓板凳、一張老舊的兩人沙發，電視旁的櫃子上排了一本一本整理好的電影燒錄光碟，聽潔琪說這全都是潔琪爸的寶貝。

我們被安排睡在潔琪的房間，這也表示接下來的幾天，潔琪必須和她爸媽擠在同一張床上；家裡唯一的衛浴在屋子外頭，就在陰暗走道最深處，使用前記得要拿廚房牆上的鑰匙開門，還得記得放回去，不然下個人就上不了廁所了。

本來就不大的家裡又多了兩人，可想而知帶來了多少的不方便，當下的我們除了打從心底感到不好意思之外，其實有點愧疚。以前總認為朋友邀請我們住到家裡，想必家裡一定是光鮮亮麗，應該不會太麻煩才對；在台灣也常聽到家裡一定要「打掃得乾乾淨淨、布置得夠氣派，才敢邀請人家來作客」這種愛面子的想法。此時此刻，對於潔琪家人們的大方和盛情款待，更是萬分感激。

§

利馬（Lima），這個祕魯的首都，老實說真的不怎麼先進，捷運行駛的區域有限，光想坐個公車到市區，看潔琪爸在白板上畫了密密麻麻的路線圖，真是一大學問啊！不同大小、數字和顏色的公車霸道地穿梭在馬路上，紅綠橫條的3號大公車和紅綠橫條的3號小公車，會載你到完全不同的世界。更誇張的是，路邊還找不到公車站牌呢！

我們來到利馬的首要任務，就是辦理下一站墨西哥的簽證。有了在葡萄牙辦理巴西簽證的實戰經驗，原以為可以順利達標的我們，遇到搞不清楚狀況的櫃台，要求要有本地銀行的存款證明才能辦理，看來又得長期抗戰了。

每天都要一大早起床，跟隨潔琪和潔琪爸出門，他們去上班，我們則照著潔琪爸畫的地圖，換車再換車，一路上不時還會接到潔琪媽的電話，再三確認我們坐上正確的公車，並在正確的地方下車，才能抵達墨西哥大使館和館方人員交涉。

§

環球旅途中，不可能帶著大筆大筆的現鈔，我們大多使用ATM提款的方式領取當地貨幣。某天在一間大型超市提領現金的時候，提款卡被機器吃掉，賣場人員和警衛們都不知所措，經過一番折騰，終於找到負責的銀行，但推託來推託去說不知道那台機器是誰管的，最終也只好打回台灣辦掛失了。

少了一張提款卡，這還不是最令我們困擾的事，只能說屋漏偏逢連夜雨，當天晚上，我立即和台灣的銀行聯絡並確認卡片資料，卻發現戶頭裡竟然少了三萬多塊台幣，經過行員查詢，確認是在巴西被盜領，推測可能是被駭客提領，而唯一的解決辦法，就是要我們盡快回台報警。

X的！三萬塊可是我們旅行一個國家的花費啊！這次我們徹底的被擊垮了，完全沒有心情計畫接下來的行程，每天除了跑大使館詢問簽證的進一步消息之外，就是打電話給台灣的家人，確認銀行那邊處理的狀況。

某天晚上，我們決定用筆電看部電影，轉換心情。但H才將筆電拿起，一個手滑，筆電摔破了好大一個角……

潔琪一家人也對當地銀行消極的處理方式感到很無奈，盡其所能地從旁協助聯絡和翻譯。在失魂落魄地過了一個星期之後，總算拿到墨西哥簽證的好消息，讓我們恢復了一點精神，而錢的事情還是沒有下落。

「算了吧！至少我們得到了與駐利馬台灣大使館求救這樣的寶貴經驗……」H說。

§

住在潔琪家的這段時間，我們真正進入了祕魯的家庭生活，潔琪爸早上從巷口買回來新鮮的橢圓麵包，滋味至今仍令人懷念；晚上只要大家都有空，潔琪爸就會從他珍愛的光碟收藏裡選出今晚的節目，大家擠沙發、拉椅子，進入家庭時光。週末碰到潔琪要加班，她的爸媽也會充當一日導遊，帶著我們坐公車四處闖蕩，而週日的晚上就由我燒幾道台灣家常菜聊表心意吧！

和潔琪一家的互動是那麼自然，語言的障礙不時變成充滿趣味的笑話；即使在台灣沒有親臉的文化習慣，我們每天仍和潔琪一樣，親吻她爸媽的臉頰說早安及道晚安，絲毫不覺尷尬。這

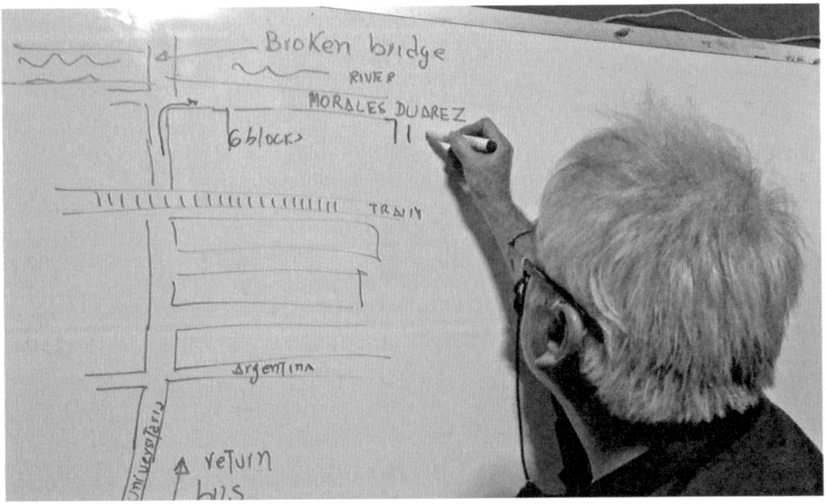

潔琪爸爸努力的畫出公車前往利馬市區的路線圖。

利馬路邊超大幅的驚人壁畫。

裡，成為我們在祕魯的家。

要離開潔琪家的前一個晚上，潔琪媽哭了好幾次，我的眼淚也一直不聽使喚，全家人一起看了我們在祕魯拍的一張又一張的相片，聊了好多。睡前，潔琪媽從房裡拿出了一個小巧可愛的民族風布袋，小心地打開，說著一串西班牙文。潔琪爸在旁翻譯：

「這些都是祕魯的十元紀念幣，每一個硬幣上都有不同代表祕魯的圖案。你們看，這一個是馬丘比丘，你們一定要去看看；這一個是印加帝國遺跡，還有這個是羊駝，可愛吧？這些紀念幣只有在特別的節日才有賣，現在還可以使用呢！」蒐集紀念幣是潔琪媽的興趣。

翻弄著這些精緻發亮的紀念幣，我們的眼睛也跟著發光欣賞著，潔琪媽看著我們，又是一串西班牙文，潔琪爸跟著說：

「這些全部都要送給你們！」

我們愣了幾秒，看向潔琪媽，她的眼神就像要與親生兒女道別一般，眼睛含著淚水，微笑地點點頭。接下來，不管怎麼拒絕潔琪媽的好意，媽媽說了算，這份大禮我們是收定了！

「謝謝，我們會好好的收著，謝謝媽媽。」我和潔琪媽緊緊地擁抱，眼淚再次湧現，一旁的H雖然笑得靦腆，內心其實也激動得很。

我們何其幸運，在旅途遇到不順心的時候，住在如此甜蜜的家，周遭圍繞這些溫暖的力量，扶了我們一把，再次振作起來，重新踏上旅程。

每當回憶起利馬這個地方，想到的第一句話，大概就是潔琪當時下車前所說的：

「到家了，Home, Sweet Home.」

旅途小彩蛋 ｜

跟不上的節奏

失去金融卡的我們很受打擊，潔琪為了讓我們打起精神，邀請我們到他老闆舉辦的派對裡玩。這輩子去祕魯夜店的機會真的不多，就算踩著登山鞋也硬著頭皮上了，但南美音樂的律動我們完全跟不上耶！

綠洲小鎮

用跑的下山會讓你健步如飛，細沙的緩衝讓你的膝蓋感覺不到一點壓力；用跳的下山會讓你尖叫連連，從陡峭的沙丘往下跳比想像中還要可怕，但摔在軟綿綿的地面上還是非常過癮。最後我們終於使出期盼已久的滾下山戰術……

——H

天上的烈日已經讓地面的空氣蒸騰波動，鬆軟的細沙讓我們步履蹣跚，離目的地的沙丘頂端還有好長一段距離；六百毫升的碳酸飲料早就喝光見底，口乾舌燥，不免開始語無倫次。哼著不成調的曲子，似乎能催眠著我們踏出艱難的下一步；回頭一看，塵土飛揚的

沙漠寂寞中，誰來扶我。

沙漠中，竟然出現了一片綠洲，廣闊的水面被綠蔭包圍著，好像還聽得到一點人們的談話，該不會是幻覺造成的海市蜃樓吧！

噢不！我們在一個真實的綠洲小鎮，祕魯的瓦卡奇納（Huacachina）。

§

這是一個被沙漠包圍的小鎮，神奇的大自然硬是在光禿禿的沙漠中挖出了這塊生機蓬勃的綠地，其實這高聳的沙丘就在旅館的正後方，我們搞笑地上演著一齣受困沙漠時突然發現綠洲的戲碼，但在沙地裡往上走一步，卻會下滑半步的痛苦表情，不是來自浮誇的演技，而是這裡再寫實不過的情景。

從沙丘頂上往下看，建築物已經變得比指節還小，除了對大自然感到讚嘆之外，也感覺到人們的渺小。再往遠一點的方向看去，綠洲小鎮只有一條對外連接的道路，路的盡頭就是繁華的城市了。沙漠切換到城市的間隔有點突兀，有一種兩派陣營搶地盤的感覺。坐在沙地上發了一陣假文青的牢騷後，我們轉身背對綠洲，望向了無邊無際的沙漠。

「讓我們向前走出自己的未來吧！」M用沉著的眼神和堅毅的口吻說出了這段話。

「不了，如果再往前走下去，受困沙漠的戲碼就不算是在搞笑了。」我憋住笑，打破了積極向上的氛圍。

兩人大笑後決定下山，我們用盡所有創意讓這段路程變得更加有趣。用跑的下山會讓你健步如飛，細沙的緩衝讓你的膝蓋感覺不到一點壓力；用跳的下山會讓你尖叫連連，從陡峭的沙丘往下跳比想像中還要可怕，但摔在軟綿綿的地面上還是非常過癮。最後我們終於使出期盼已久的滾下山戰術……

嗯，果然跟想像的一點也不一樣，銀鈴般的笑聲很快就變成了慘叫，有趣的滾動變成失速的墜落，鞋子進沙坐在路邊脫掉拍一拍就算了，但現在連內褲裡也拎著一包來自祕魯的紀念品，總不能在路邊脫下來拍一拍吧！

§

我們狼狽地走回旅館，小巴士載著新一批旅客剛好下車，兩女一男，三位東方面孔的年輕人吸引了我們目光，其中一位女孩與我們對到眼，趕緊過來搭話。她

這是一種在沙漠中找到綠洲的喜悅。

用英文詢問著有關住宿的問題，我們推薦了我們的住宿給他們，畢竟台幣五百塊就有雙人床還附游泳池，實在沒什麼好挑剔的。但我越聊越覺得不對勁，怎麼自己的英文突然變得那麼好，每一個問題都聽得仔仔細細、清清楚楚呢？

一問之下，果然他鄉遇故知，是來自台灣的三位大學生！跟三人順口約好晚上一起吃飯、聊聊天，當時心想，我們也在祕魯待上一段時間了，身為哥哥姊姊，照顧一下自家人是理所當然的；直到在旅館櫃台，發現他們用標準流暢的西班牙文跟當地人對話的時候，我和M整個心態都轉換了，好吧！看來這幾天被照顧的會是我們兩個。

晚餐時間一聊才知道，他們是從巴拿馬過來的台灣交換學生，趁著學校放假來到祕魯旅行。我們很幸運地跟他們搭上了線，分享了環球的趣事；他們也幽默的抱怨著交換學生的辛酸。一起行動的那幾天，他們展現出了學有所長的語言天分，高超的西班牙文俐落地一搭一唱，跟大部分一出國就變得害羞靦腆的台灣人實在很不一樣，就連當地計程車司機也嘖嘖稱奇。分開前，我們交換了聯絡方式，想不到在祕魯也可以交到新的台灣朋友。

Hasta Luego Amigo!（再見，朋友）很高興認識你們。

旅途小彩蛋 ｜

嬉皮家族

其實我們抵達的時候是旅遊淡季，旅客不多，但嬉皮客倒是很多，嬉皮情侶、嬉皮藝術家甚至還有嬉皮小家庭，所有人都悠悠閒閒地坐在綠洲湖邊，練練雜耍、做做手工藝。其中小家庭的嬉皮媽正在走繩，嬉皮爸正頭頂著木棍，而長髮裸體的嬉皮小子則在沙地中瘋狂地滾動著。

天空之城

「沿著鐵道走就對了」是我們自己做功課得到的真理，但一路上跟大叔們瞎扯閒聊後，意識過來時鐵道早就不見了。我們在密林中的河床穿梭，前方的路越來越難走，嘻嘻哈哈的三人組也有點吃不消……

——M

馬丘比丘上的野生駱馬。

抵達庫斯可（Cuzco）已經好幾天了，這個連麥當勞和肯德基招牌都被要求融入市鎮景色的小城，的確可愛到令人流連忘返，但大部分的旅人來到此地，主要還是為了一個原因，這裡是前往傳說中的世界遺跡「馬丘比丘」（Machu Picchu）的前哨站。

沾著世界遺跡的光環，庫斯可的觀光發展蓬勃得很，數十間大大小小的旅行社和旅館，甚至是各種指標性的服飾品牌都在此進駐，看來馬丘比丘的魅力實在令人難以抵擋。

習慣隨興的我們一直以為馬丘比丘就在庫斯可的附近，應該搭個巴士就到了；直到有天想認真準備出發的時候才發現：這個前哨站的位置也太「前哨」了吧！

大概需要坐一整天的旅遊火車才可以抵達，抵達的位置竟然還只是另一個

左：加購的馬丘比丘山是這樣爬上去的。

「前」前哨站，還得要再坐巴士上山，才算是真的抵達遺跡入口。

需要在前前哨站過夜，看來是必然的，但想到要揹著全副武裝的行囊長途跋涉，光用想的就頭皮發麻，還好好心的旅館主人同意讓我們寄放行李，輕裝上陣，這樣回程也省了找旅館的時間。

然後我們就出發了嗎？當然不是！雖然馬丘比丘充滿著文化、信仰、神聖等高雅超脫的氣息，但遺跡的保護還是需要經費，而談到經費，祕魯政府當然不會錯過這個機會，在遠遠的幾百公里外的庫斯可就設立了售票口。使用者付費的道理我們當然了解，但當我們悠閒地晃到售票處的巷口前，大排長龍的景象還是讓我們嚇了一跳……

§

排隊排到太陽都下山了，才總算輪到我們，抬頭看看告示，讓我們又倒抽一口氣，原來不是一票玩到底的入場券，而是大大小小遺跡行程組合的歡樂自由配。

票到手了，我們就乘坐著歡樂的旅遊列車抵達馬丘比丘，成了遺跡探訪之旅，至少我們曾經有過這樣美好的夢想，但各個旅行社的旅遊列車報價實在是太旅遊了，自豪跟當地人一起活著的我們只能望火車興嘆，心一橫選擇了B計畫，一種正港祕魯人的探訪路線，一樣一天能到達，而且能享受到更多的交通工具。

然後我們就在共乘的計程車裡開始暈車了，黃沙滾滾的山路，崎嶇得難以置信，司機大哥老神在在地開著二輪驅動的小房車，通過一個又一個驚險的路段，一同共乘的大媽不為所動，但我們剛剛開過的那個水坑明明就是個游泳池啊！

共乘只到這裡了，在小小村落裡匆匆忙忙吃了個午餐，小跑步到前往下個據點的巴士站牌。這裡的巴士坐滿了才發車，我們只好跟其他乘客在車上乾瞪眼，而坐在前方拿著啤酒的大叔們正聊得起勁。

巴士終於出發，大叔們的話題很快就聊到後方的我們，他們也要前往馬丘比丘，而且真正的大叔只有一位，祕魯人；另外兩位其實是年紀跟我們差不多大的墨西哥朋友。有幾個瘋瘋癲癲的旅伴也不錯，尤其是祕魯大叔一路上都自豪地說，跟著他走準沒錯，因為他二十年前也走過這個路線。

§

巴士抵達與旅遊火車的交會站時，已經下午三點，這裡當然還不是終點，只是徒步旅行開始的起點而已。整理了一下背包，買了兩瓶礦泉水準備上路，大叔三人組也準備好了，但他們卻是多買了幾罐冰啤酒。

「沿著鐵道走就對了」是我們自己做功課得到的真理，但一路上跟大叔們瞎扯閒聊，意識過來時，鐵道早就不見了。我們在密林中的河床穿梭，前方的路越來越難走，嘻嘻哈哈的三人組也有點吃不消，祕魯大叔需要H的攙扶才爬得上大石塊，墨國二人組則需要我幫忙拿一下啤酒罐才好繼續前進。這已經有點像是在攀岩了，前方甚至還要涉水才能通過。唯一去過馬丘比丘的祕魯大叔雙手插腰，一副若有所思地說：

「如果我的印象沒錯，我們需要穿越到河床的另一邊，才會到馬丘比丘。」

雖然他說話時一臉帥氣模樣，大家還是有點狐疑，墨國二人組還開始討論起要去旁邊拔樹幹涉水比較安全之類的話，H忍不住很委婉地說：

「我們查的資料好像只要跟著鐵道走就對了，我想我們走錯路了……」

大伙一陣豁然開朗，祕魯大叔竟然超輕易地就承認了錯誤，再度嘻嘻哈哈的原路折返，找回鐵道路線。多了約一個多小時的錯誤路線，讓我們硬生生地走到天黑了，才抵達名為「熱水鎮」的真正前哨站，五個人都累壞了，竟然忘了留下聯絡方式就各自解散。

§

隔天一早登上山腰的馬丘比丘專車上，當然還是沒有我們的座位，再度跟著當地人的腳步爬上了陡峭的遺跡入口。我指著從公車走下來的西方遊客，好氣又好笑地問H：

「誰准她上山可以穿著洋裝和高跟鞋的！」這時我的髮型已經溼成麵條狀了。

馬丘比丘上的景色沒讓人失望，看著石頭砌成的古城遺跡，想必前人也是扛著石材、沿著我們剛剛的步行路線上來，但我們只背著小包包就哇哇叫了。

這裡唯一的缺點就是遊客多了些，想喬到一個沒有干擾的場景拍照，需要的不是技術，而是運氣。還好我們在售票亭的歡樂自由配上多買了一組「馬丘比丘山」的通行卷，原本以為只是鄰近的遺址，但傻傻地沿著指標前進，硬是逼我們再爬了好幾個小時的山路才到。

上：跟著鐵軌走才是正途啊！
下：練習了兩個禮拜的《天空之城》主題曲，是為了紀念和本尊見面的神聖時刻。

這裡的遊客就比較少了，大概是因為剛剛經過的那些斷垣殘壁的功勞吧！

坐在山頂上，整個馬丘比丘遺跡變成了3D的明信片。我們拿出鎮上買的傳統木笛，很做作地演奏了一段動畫《天空之城》的主題曲；吹得有點落漆，但旁邊的阿姨和叔叔突如其來的掌聲，讓我們有點小小得意。

放下木笛、靜下心，四周只剩下風的聲音，老鷹翱翔而過，跟我們一起讚嘆著古人的鬼斧神工。閉上眼睛，心中最真實的想法正吶喊著：

「等下還要徒步走下山啊！」

離開熱水鎮前的最後一頓晚餐，依慣例還是放棄了餐廳，來到傳統市場的二樓。這裡的炸魚飯好吃又划算，一陣熟悉的聲音叫住了我們，是大叔三人組！看他們的膚色更黑了，鐵定也沒搭接駁專車。我們從包包裡拿出為了有緣再相會準備的自製卡片，這次終於記得互相交換聯絡方式了。回想起這幾天的路程，若是少了他們，肯定沒那麼精彩！

旅途小彩蛋 |

神獸的味道

我們在庫斯可也參加了當地的Free Tour，除了歷史古蹟的講解之外，這裡為了招攬遊客上門與Tour合作，免費的試吃、試喝、試玩通通都有。一口喝下了紫色玉米打出來的飲料，但下個試吃就有點猶豫了，超可愛的神獸羊駝肉！有夠騷的。

鄰近普諾的蘆葦島居民，靠著船隻來回兩地運送生活用品。

普諾的微醺

這裡的居民比想像中的多，放眼望去，飽受高山症之苦的人大概就只有我們兩個。孩子們在街邊玩著遊戲，活蹦亂跳，大叔們在巷口抽著菸，好像嫌氧氣太多，而我們兩個呢？不誇張，小跑步過個雙線道馬路就氣喘吁吁了。

——H

長距離的巴士之旅早已經習慣，沒有十幾二十個小時的過夜車程，就算是很快抵達了；而暈車這件事，對於已練就在搖晃的車上用筆電能一次看完整部《哈利波特》的我們來說，發生的機率微乎其微。我們一如往常的看完一部電影，盯著窗外充滿祕魯味、塵土飛揚的景色，盯著、盯著，突然眼皮一軟，我們順利進入了待機模式。

車上的空氣愈來越悶熱，被熱醒的我們兩個開始懷疑起是不是老舊巴士的冷氣在鬧脾氣，伸手揮揮頭頂上的出風口，一切正常，大概是西曬的太嚴重了，我們就不以為意地開始聊起天，但除了全身發熱之外，漸漸感覺到腸胃開始隨著不平的路面攪動著，我們不斷大口呼吸，希望能撫平一點反胃的感受，

「該不會是我們兩個同時暈車了吧？」M搞笑地掐指一算。

還有力氣開玩笑就沒問題了，看看手錶的時間，還有一個小時就會抵達目的地，我們也就不以為意，但隨著時間一分一秒過去，暈車的症狀好像越來越嚴重，吸大氣的戰術已經失敗，不只反胃得難受，已經接近吸不到空氣的缺氧感了。

「啊！我們可能不是暈車，應該是、中了高山症了……」這是我耗盡腦內氧氣思考出的結論。

§

普諾（Puno），這是我們的目的地，祕魯南部一個保留著許多傳統服飾及文化的山城。M身為一個純正的民俗服裝控，這裡絕對是一個朝聖天堂；但那只矮玉山一點點、高達三千八百多公尺的海拔高度，到達前的最後一個小時的車程，還真的差點讓我們上天堂。

搖到祕魯瞧

左上：M表示色彩繽紛的民族大媽們是全世界最美的女人了。右上：M逛完民族市集一圈之後就突然變成這樣了……右下：我們到現在還想不透，這麼狼狽的模樣為什麼會被誤認成歐巴了。

下：學生隊伍也參與街頭遊行，一起歡慶祕魯國慶。

這裡的居民比想像中的多，放眼望去，飽受高山症之苦的人大概就只有我們兩個。孩子們在街邊玩著遊戲，活蹦亂跳，大叔們在巷口抽著菸，好像嫌氧氣太多，而我們兩個呢？不誇張，小跑步過個雙線道馬路就氣喘吁吁了。但M早已經忘記了自己是高山症患者，指著四周穿著五彩繽紛的民俗風大媽們，直喊著「超可愛」，甚至很不理智的說自己有點眼花撩亂，不確定是因為大媽太可愛，還是因為缺氧的關係。我的腦海開始浮現一些激進的想法：大媽圓滾滾身材還能輕鬆的活動自如，可以大膽的推測，她們身軀內一定不是藏著脂肪，而是中空的超大巨肺啊！

§

喝著一杯名字很聳動的古柯鹼葉泡出來的熱茶，這是緩解高山症的傳統配方。抵達普諾的一週後，我們已經升級到可以輕鬆在戶外闖蕩兩、三個小時才開始頭暈的體魄了。剛好遇上了祕魯的國慶日，我們拿出潔琪爸媽特地幫我們準備的祕魯徽章別在身上，跟當地居民一起參加了鎮上的慶典。

路上的軍樂隊表演已經開始，幾天前就開始預演的學校團體，換上了正式服裝排在後面，一路上我得緊盯著M，不讓她搞失蹤，因為一個不小心，她就會被某個穿著華麗的大媽吸引走而忘了我。特別是今天，要找到消失在人海中的M只會更加困難，因為出門前心情大好的她，套上了所有的民俗族風戰利品得意的地說著：

「我今天要跟路上的大媽們一樣漂亮！」

堅持穿著單色極簡風的我，在五顏六色的人群內有點格格不入，但在路過一群國中少女的隊伍旁時，卻意外成為了大明星，原來不只江南大叔，花美系K-POP的韓風流行偶像，也吹進了高海拔的學校內，解釋已經無法抵擋女孩們的害羞尖叫了，瞬間局勢反守為攻，穿著像大媽一樣漂亮的M，變成了幫小女孩們拍照的經紀人，我心虛地站在女孩們中間，露出有點尷尬的笑容。

「YA!」

§

民俗充滿了文化，文化代表著傳承，在普諾的生活，簡單得很有味道。參加完遊船湖的tour，還是覺得鑽進傳統市場裡的比手畫腳比較有趣。當然，跟數十家傳統手工服飾店比起來，市場的排名就被M排到很後面去了，慶幸我們的背包也就那麼大，不然M還認真的考慮要把一家店的鎮店之寶——一件大約有五種層次以上超大件的民俗蓬蓬裙搬回家呢！

坐在享有「世界最高湖泊」美譽的的喀喀湖邊，嗑下最後一天的高山症藥丸，拿著兩瓶可樂乾杯，敬你一杯，我們已經有點享受這種走太久會頭暈的微醺感了。

旅途小彩蛋 ｜

莫名其妙的國民美食

你絕對猜不到祕魯的國民美食叫做Chifa，唸起來、吃起來和看起來，完完全全就是炒飯無誤。奇怪的是，祕魯人喜歡拿米飯和薯條一起炒，薯條炒起來就像擺很久的麥當勞薯條，溼溼軟軟的口感，簡直莫名其妙！但可以吃很飽。

CHAPTER 4

真心，多謝款待

中美洲×北美洲

開始墨西哥

記得在智利遇到的墨西哥朋友說過，對於檯面那些醬料請別懷疑，全都是辣椒；但到底是綠的辣椒辣，還是紅的呢？我沒打算理會H的回憶錄，身為辣椒狂熱分子的我是沒在管顏色的……

——M

你沒看錯，外面那圈神祕的紅色，的的確確是配啤酒的辣椒醬。

就像小學好不容易熟悉了班上的老師，有了幾個很要好的同班同學，一個暑假過去，又要重新分班；一方面捨不得現在身旁的所有人事物，一方面對於即將前往的新班級，還是充滿期待。我們懷抱著相同的心情，離開了南美祕魯。

「看到了你們環遊世界的照片！如果會來墨西哥的話記得跟我說，我現在在墨西哥工作。」某天，我在臉書上看到了一封留言。

呆在電腦前反覆看了好幾次留言內容，回想著到底是哪個思想前衛的朋友，竟然在墨西哥工作？點入神祕友人的相簿內，我睜大雙眼抓著H興奮地說：

「我們的人脈還沒用盡，到墨西哥又有人可以罩了！」

四年不見的大學同學薇琪，就是那位隨著親戚來墨西哥工作的神祕友人。記得大學的時候就身材纖細，看看她現在的照片，還是一副會被風吹走的樣子；只是這風也太大，竟然把她吹到墨西哥來了。雖然有家人的陪伴，但有時候還是會想念台灣的朋友，我們的出現，對她來說是出乎意料的驚喜；她的出現，對我們來說更是一個小天使降臨。畢竟誇張的毒品氾濫和犯罪新聞，大概就是大部分台灣人對墨西哥的認識吧！

「我已經幫你們問了墨西哥城的同事，如果不介意的話，你們可以住在員工宿舍，我休假的時候再去找你們碰面。」說真的，我們超不介意的。

薇琪幫我們打點好之後，先前被長輩們「關心」到連自己都有點緊張的我們，也放下心中的大石。想到又能和好久不見的朋友碰頭，心情又澎湃了起來。

§

抵達墨西哥城的第一天，薇琪的同事「鐵牛」來接我們。「鐵牛」人如其名，高壯的身材和沉著的眼神，身上散發出一種「跟著他就對了」的感覺，雖然他一再強調只比我們大一、兩歲，不用那麼客氣，但一股莫名的氣勢，迫使我們開口閉口都「鐵牛哥、鐵牛哥」的叫。

他帶我們來到薇琪口中所謂的員工宿舍，就在市區的正中央，怎麼看都應該叫它「市區獨棟、含車庫透天厝」，除了有大客廳、大廚房和大客房之外，電視上竟然還有三立電視台可以看……

「這種尺寸的床，對我們的旅程來說有點奢侈。」H看了看客房後說道，嘴角忍不住上揚。

晚餐時間，鐵牛哥說出去找個餐廳隨便吃吃，他挑了家單價不低的日式料理，是他們公司集團的餐廳之一。我們在墨西哥吃的第一餐竟然是日式料理，四周圍繞著操著國台語夾雜的大廚和經理們，離開前還問我們要不要外帶幾顆豆沙包？墨西哥的第一天實在有時空錯亂的感覺。

領教了如作夢般的一天，隔日的墨西哥探險正式開始。經過大街旁的巷口，三、四攤的塔可餅攤販競爭激烈，大清早的，上班族們圍著小販吃早餐，各有各的支持者。攤販大叔熟練地在玉米餅上放上炒香的肉末，我們有點等不及了，再抓點新鮮的洋蔥、番茄丁和香料，然後從旁邊的塑膠桶內撈出醬料淋上，行雲流水、大功告成，這就是真正的墨西哥料理，讓人大吞一口口水。

「等一下，人們趨之若鶩排隊的地方不是在點餐的位置，而是在醬料區！」哈！被我們發現了吧！

好像有過印象，記得在智利遇到的墨西哥朋友說過，對於檯面那些醬料請別懷疑，全都是辣椒；但到底是綠的辣椒辣，還是紅的呢？我沒打算理會H的回憶錄，身為辣椒狂熱分子的我是沒在管顏色的，一匙一匙把看起來就很過癮的醬料倒進了塔可餅內，等不及要向墨西哥挑戰，而眼角餘光瞄到，H也小心翼翼沾了一點綠色的辣椒。

「喔！有辣喔！但好像綠色的才是特辣耶！」我又咬了幾口，突然，意識到身旁的H好像有點不對勁。

「從明天開始，早餐只吃SUBWAY，就這麼決定了。」H的臉色比綠辣椒還綠。

真的沒有在開玩笑，當天早餐之後，H三不五時就到處找廁所，而且也真的吃了好幾天的SUBWAY，才讓抗議的腸胃冷靜下來，而我呢？當然是再來一份囉！

瓜納華托，墨西哥色彩繽紛的神聖古城。

§

在墨西哥城內移動的最佳交通工具莫過於地鐵了，四通八達的非常方便，親民的票價大約是一張台北好幾年前的公車兒童票。這樣佛心的價格，絕對能體諒為什麼在人潮來往的車廂內沒有空調了，而這台幣十塊不到的地鐵票，買的不只是交通，竟然還是購物live秀的入場券。

經過的第一站，一名男子扛著布袋走進車廂，很熟練地開始把袋子內的一支支牙刷丟在旅客的大腿上，嘴裡念念有詞。我們一開始還反應不太過來，有點慌張，瞄了左邊的大叔一眼，瞧他看著報紙無動於衷的樣子，我們也變成木頭人，不敢碰那牙刷。地鐵即將到站，男子又碎碎念地一一將牙刷收回，確認沒人買單後，便走出車廂。

「哇！在車廂內竟然買得到牙刷？還真是挺方便的。」H驚訝地呢喃。

就在車門關上之前，後方突然響起震耳欲聾的電子樂，猛一回頭，一個年輕人搖搖晃晃地走來，背上揹著一個巨大的音響喇叭吆喝著，他販售的盜版混音光碟在地鐵上意外搶手。買家在一陣討價還價後掏出零錢，年輕人從包包掏出的全新光碟卻被拒絕，買家指定要音響裡的那一片，大概是一種擔心拿到空白光碟的前車之鑑，原來買盜版CD也可以買得那麼專業。

§

來到墨西哥的一個多月裡，我們以平常心穿梭在大小巷弄間，很幸運的只有探險，而沒有遇到任何危險；但也許台灣人對墨西哥負面的刻板印象太深，每次與家人的視訊通話，都會變成好笑的流言澄清大會。

根據闖蕩墨西哥城十幾年的鐵牛哥的說法，墨西哥的生活並沒有台灣人想的那樣可怕，雖然那些幫派混混、毒品命案和高犯罪率都還是真實存在的。我們開玩笑說：

「難怪看到便利商店門口拿著霰彈槍的保全時，乍看衝突的畫面，在這裡竟然如此地和諧啊！」

旅途小彩蛋 ｜

多謝款待

我們在墨西哥有兩個守護小天使，薇琪和她的表姊麗莎，不但在我們剛到墨國時安排得妥妥當當，還抽空陪我們跑了幾天的小旅行，離別時塞給我們好多台灣的補給品，就連治H吃辣拉肚子的臭藥丸都得到了，出外靠朋友大概就是這個道理，九十度鞠躬！感恩，多謝款待。

圖盧姆（Tulum）是全世界唯一蓋在海邊的馬雅古蹟。

海岸遺跡REMIX

原本以為商業化的歷史遺跡會讓我們失望，但敢號稱世界最大的馬雅遺跡不是沒有理由的。坐在正殿前的草皮上，看著四周遊客人來人往，把他們想像成居住在此的村民，或許當時繁榮的馬雅城也是這樣熱鬧吧！

——H

溫差這種東西還真令人難以捉摸，昨晚還提醒彼此長途巴士的冷氣驚人，別把外套也鎖進包包裡了；終於抵達目的地後，我們卻被周圍移動中的比基尼和衝浪褲，用奇怪的眼神打量著；但現在不是已經快要冬天了嗎?!

這裡不是普通的熱，絕對不是脫掉身上薄外套就能解決的那種熱，袖子已經挽成了背心，超載的背包與背的交界，如果有聲帶的話，絕對已經處於嘶吼狀態了。這裡是連美國人都不得不臣服的墨西哥度假勝地，坎昆（Cancun）。

度假對我們兩個預算有限的背包客來說實在有點奢侈，但在薇琪和表姊的強力推薦下，我們很快就動搖了。不同於一般的度假勝地，這裡除了漫無目的地曬太陽和游泳行程之外，還被眾多的馬雅遺跡包圍。我們看著戶頭裡越來越小的數字，催眠著自己，這將會是一段充滿文化及探索的旅程。

接著，我們就漫無目的地躺在沙灘上曬太陽了。

其實也不能說是漫無目的，我們在烈日下的海邊參透許多人生道理，例如飯店的星級，會隨著距離海灘的街口數呈反比遞減，與其在熱鬧大街浪費唇舌的一間一間詢價，不如直接往海灘的反方向走去，就可以找到俗又大碗的便宜小屋；又或者當旅伴吵著要去貴鬆鬆的餐廳「看」一下的時候，就趕緊衝去超市買點零食和啤酒，在落日的沙灘上，鋪張不會太醜的地墊，然後用迷濛的眼神，說幾句充滿文藝氣息的話語，就可有效減少預算失控的情況發生。

§

金字塔是當地人對於馬雅遺跡的稱呼，跟我們熟悉三角錐形狀的埃及金字塔有所不同，墨西哥的金字塔比較方正，沒有尖尖的塔頂，比較像是豪華的婚禮蛋糕，然後放大個幾百倍，形狀大概就是那個樣子了；造訪世界最大的馬雅遺跡奇琴伊察（Chichen Itza）讓我們非常興奮，想像著披荊斬棘地在叢林中穿梭，三不五時出現野獸的低鳴和老鷹的叫聲，當巴士抵達遺跡總站時，我們告訴自己想太多了，整個園區已經規劃好進出口及導覽方向，入口還真的有點像動物園的售票亭，事與願違啊！

入口和遺跡中間還有一小段路，兩邊駐滿兜售紀念品的攤販，披荊斬棘無望，看來野獸也不會出現了，但突然一個超大動物吼叫聲，嚇得我們兩個在原地彈跳了一下，朝著聲音來源一看，原來擺在攤販前精美的獵豹藝術品不只是藝術品，還是一個可以模仿動物吼叫聲的樂器！年輕的小販看到我們被嚇得反應那麼大，得意地哈哈大笑，湊上來向我們兜售，有點「丟臉轉生氣」的我們，雖然覺得這東西真的很酷，但他竟然這樣捉弄我們，當下很任性地一口氣就回絕了小販，跑到下個看起來和藹可親的婆婆攤位前，當起了正統的觀光客。

§

原本以為商業化的歷史遺跡會讓我們失望，但敢號稱世界最大的馬雅遺跡不是沒有理由的。通常我們造訪的遺跡會是一棟損毀的老舊建築，又或者是一片刻著神祕符號的石壁，但這裡的遺跡，完完全全是將一個城鎮的樣貌完整地保留下來。原本以為擠在大門的旅行團會讓行程失色不少，但廣大的腹地及眾多的歷史建築，都需要花上好長的時間才能參觀完畢。一下找著宮殿，一下找著刑場，竟然連運動場都被保留下來。手上拿著園區地圖尋找著方向，就像是個真正的探險家。坐在正殿前的草皮上，看著四周遊客人來人往，把他們想像成居住在此的村民，或許當時繁榮的馬雅城也是這樣熱鬧吧！我看著巧奪天工的石壁與雕刻，陡峭而高聳的金字塔，有感而發地說：

「我彷彿看到了大雄為了宜靜奮不顧身要打敗邪惡祭司的身影。」

M從浪漫的想像中被拉了回來，放聲大笑。這裡除了是馬雅遺跡之外，還是小叮噹電影版的取鏡場景，懷舊的我不時在參觀途中講出電影劇情，而且抵死不叫小叮噹「哆啦A夢」，就算是對童年回憶的一種堅持吧！

§

左：它就是出現在《大雄的太陽王傳說》小叮噹電影版裡的羽蛇神金字塔。
右：豹的叫聲、老鷹的叫聲、貓頭鷹的叫聲，這些可都是真正的樂器喔！

坎昆的確有些令人難以抗拒的魔力，「魚與熊掌不可兼得」這句話可能在這不太適用，如果想同時欣賞古老的遺跡，又想賴在沙灘上打滾的話，這裡也可以滿足你這樣不講理的要求。

當然，除了早上的熱情海灘和知性之旅外，晚上不間斷的各種派對也讓人流連忘返。所謂的各種派對有多「各種」呢？我們眼睜睜看到大街上的某家夜店裡，供著兩尊至少十公尺高的佛陀雕像，DJ放著最新的電子音樂，年輕人穿得火辣，正在扭腰擺臀。對西方人來說，這樣的裝潢或許充滿了東方神祕色彩，但對早就傻眼的我們兩個而言，只好默默地在夜店門口雙手合十，說聲：

「阿彌陀佛。」

旅途小彩蛋 |

享受雪茄的代價

在離開度假勝地的前一天，我們決定忘掉預算去餐廳吃頓好料，現場樂團、炭烤肉串、七色調酒，這樣還是不能滿足壓抑太久的我們，跑去旁邊的古巴雪茄專賣店裡開了兩根決定嘗嘗鮮，抽一根大雪茄，假裝是總經理！然後隔天冷靜之後，就決定三餐吃土、省回旅費了。

地下河小鎮

洞穴入口步道崎嶇，才踏下去沒幾階，地面上的豔陽就完全被岩洞遮蔽，瞬間從白天變成黑夜，整個空間像是開了空調般，溫度下降好幾度；明明是來游泳的，卻讓人有穿著泳衣來探險的感覺。

——H

地下河的奇景看得下巴要掉下來了。

車站下車的人三三兩兩，完全沒有喧鬧的派對少年，門口沒有明確的旅遊標誌，離開了奢華的坎昆之後，我們來到一個環境陌生、但感覺卻很熟悉的小鎮停留。

網路上找不到太多相關的資訊，自助旅行的體驗又回到純粹的開始，找地圖、找住宿、找到能填飽肚子的攤販聚集地，一棟像是政府機關的建築物內，有間在角落擺放幾疊小旅館名片的辦公室，大概就是這裡的遊客中心了。等了一會兒，工作人員還是沒有回到座位上，不如直接去鎮上繞繞吧！

悠閒的午後，我們找著旅館名片上的地址，走錯了幾個巷口，跑去問問旁邊的當地人；口渴了，走進雜貨店買一瓶最划算的兩公升寶特瓶飲料，坐在路邊牛飲，這就是參加過多少次都不會膩的客製

tour。當然有時還是有小落漆的時候，譬如飲料灌完了，還是找不到路之類的。

沿路走來，選擇前一間可愛旅館的預算，被我們在坎昆抽雪茄抽掉了，眼前這間牆面有點剝落，設備有點簡陋的旅館，勉強能湊合湊合，至少還有可以吹到頭痛的超強力電扇坐鎮，在熱情的高溫下可以消消暑。

相較於只有我們兩個入住的小旅館，隔壁的餐館就熱鬧多了，雖然牆上的菜單還是那幾樣。對於墨西哥人來說，不同的菜色之分，不外乎就是塔可餅內的配料不同，雞肉、豬肉、牛肉，煎的、烤的、水煮的。老實說，加了莎莎醬後包上餅皮，對於嘴殘的我們而言，味道其實大同小異，但為了填飽肚子，就都來一點吧。

想著趕快吃完出發逛街的同時，喔？這種綿密的口感怎麼有點銷魂？原來餅內多加了酪梨片，肉臊的油膩被支開了，莎莎醬的酸甜凸顯了個性，不小心就一吃成主顧，姑且就當這裡是小旅館的附設餐廳吧！

§

墨西哥的南部有一種特殊地形，那就是地下岩洞，隨著雨水河流的沖積，漸漸形成一條美麗的地下河，而經過土壤的過濾，地下河水的水質也冰涼清澈。我們所在的這個小鎮，就有這麼一座隱藏在地底的天然游泳池在等著我們；洞穴入口步道崎嶇，才踏下去沒幾階，地面上的豔陽就完全被岩洞遮蔽，瞬間從白天變成黑夜，整個空間像是開了空調般，溫度下降好幾度；明明是來游泳的，

M看到穿著刺繡洋裝的墨西哥奶奶，立刻變成小粉絲。

卻讓人有穿著泳衣來探險的感覺。好險很快就聽到前面遊客的戲水聲，我們三步併兩步走了過去，眼前的畫面竟然令人吃驚地說不出話。

地下河上方的岩壁開了一個小洞，在漆黑的環境內溜進一道陽光，準確地打在水面的正中央，像極了舞台劇主角專屬的聚光燈。水質裡的礦物對光線熱切回應，白色到金色，綠色、藍色到紫色，地下河的顏色層次非常夢幻。就算一個人來這裡，也不會感到孤單，因為數以百計的小魚群們，恍如無重力般陪著你在水中「翱翔」。

奮力游向陽光直射的中心，耀眼到看不清楚四周，用力一踢腿想蹬出水面。

「哈啾！有點冷了，我們趕快上岸吧！」

§

離開小鎮的前一晚，中央廣場開始熱鬧起來，舞台架了起來，鐵椅也排了好幾排，像是有什麼大活動要開始了。向一旁的阿姨打探，原來只是當地中學舉辦的學期末成果展，或許是小鎮的活動不多，但凝聚力又夠強的關係，學生成果展的排頭竟然有這等陣勢。聚集的居民越來越多，平常空蕩的街道變得熱鬧有活力，連周圍的餐廳也坐滿了人。

學生們手舞足蹈地表演著馬雅文明的歷史話劇，誇張的傳統服飾，讓正值青春期的男孩女孩們表現得有點害羞；直到一段傳統蹴鞠橋段，得不斷用屁股頂球入龍門，學生們調皮的本性慢慢地顯露無遺，逗得台下觀眾哈哈大笑。

活動的最後，一支專業的十人樂隊作為壓軸，除了一般常見的吉他、爵士鼓之外，大小喇叭、薩克斯風也全都出現了，演奏著一首首性感的中南美樂曲。台下打扮時髦的爺爺坐不住了，親吻一下奶奶的手背，緩緩走向空地開始優雅共舞；一對對情侶、夫妻加入了這浪漫的時刻，漸漸地就連沒有伴的遊客和當地人們，也開始跟著音樂一起搖擺。

我們還是坐在位子上，前方扭動的大叔看不下去了，頻頻對我使著誇張的眼色，好吧！在這裡不適合當個靦腆害羞的亞洲旅客，我輕輕地牽起M的手，從雙腳開始快速地抖動到上半身，口中發出一聲清亮的叫聲：

「咿哈！」

現在正在演奏超快速的森巴音樂。

旅途小彩蛋 ｜

小鎮的民俗風

在純樸的小鎮裡，還沒有那麼都市化，許多阿姨們還是穿著墨西哥傳統的刺繡服裝，這當然囊括在M認知的民俗風當中。M一直跑去跟正在買菜的阿姨要求合照，雖然她們都答應了，但應該覺得莫名其妙吧！

墨西哥兄弟

就像有時候會誤解台灣人邀請你去他家作客的道理一樣，我們也誤解了墨國人「先去喝一小杯」的意思，店員拿著兩個手肘高的豪氣玻璃啤酒杯，「碰」的一聲擺在桌上。相信我，那是在台灣玩遊戲輸了被懲罰才會出現的尺寸。

——M

當台灣人約你有空去家裡坐坐時，這句話實際的涵義有點難判讀，很有可能只是客套，隨口說說；但當西方人約你有空去他家裡坐坐時，如果被他知道你人在附近還不去的話，可能就會打電話過來質問你原因。這不是結論，只是我們目前碰到的一點小經驗。

就是那件PARTY WAVE，H將它穿進了正式的音樂廳。

在智利認識的那群墨西哥兄弟，分開前留下了聯絡方式，其中充滿藝文氣息的大鬍子米蓋爾，更是經常在網路上跟我們互動，順便關心一下我們的環球旅行進度。所以抵達墨西哥的那一天起，三不五時就問我們什麼時候會到他家作客，有多少好玩的東西要介紹給我們看。這樣盛情難卻的邀請，實在很難不心動，但H太怕麻煩別人的個性使然，再加上計畫趕不上變化的常態，還是決定先不說死，希望有緣來相會。

§

美利達（Mérida），算是個墨國南部的轉運城市，去哪裡都需要路過這裡，而緣分本人也不例外。車站大廳站著一個熟悉的身影，米蓋爾靦腆地對我們揮揮手。雖然才分開幾個月的時間，但在不同國家相遇，總有一種真的好久不見的感覺。他旁邊還站著一個陌生的長髮帥哥，深邃的眼神和紮起來的捲髮，散發出來的氣息，一看就知道跟米蓋爾是同一掛的，他用那跟眼神一樣深邃的口音，劈頭就說：

「智利那趟旅行我沒跟到，但這次交台灣朋友的機會是絕對不會錯過的。」他是小提琴手卡林，下車後不到五分鐘，又交到了一個新朋友。

平日下午三點，巴士到達的時間有點尷尬，對於還是大學生的他們而言其實現在是上課時間，車上一段聽來熟悉的「沒差啦！今天就先翹課吧」的對話，讓我們

左：墨式下午茶Salud（乾杯）！
右：準備划向溼熱的神祕沼澤給蚊子咬。

有點不好意思；但接著聽到「下午沒事先去喝一小杯吧」這樣少年郎的行程之後，我們相信，接下來幾天的日子看來會有趣極了。

我們確信酒精這種東西對他們來說，絕對要當成必需品來處理。下午三點多的酒吧旁竟然發生需要搶車位的狀況，坪數不小的雙層建築內，也只剩二樓的一張小桌子有空位。米蓋爾和卡林對於還找得到位子感到興奮，我們則沉溺在「這個時間怎麼會有這麼多人」的恐慌當中。

米蓋爾推薦了傳統辣椒啤酒，對酒精沒轍，但有著辣椒癮的我來說，這種夠噱頭的組合還是令人有點心動，反正只是來喝一小杯，點個一人一杯意思意思吧！

就像有時候會誤解台灣人邀請你去他家作客的道理一樣，我們也誤解了墨國人「先去喝一小杯」的意思，店員拿著兩個手肘高的豪氣玻璃啤酒杯，「碰」的一聲擺在桌上。相信我，那是在台灣玩遊戲輸了被懲罰才會出現的尺寸。儘管如此，辣椒啤酒酸酸甜甜的口感，出乎意料地順口，直到頭暈襲擊了我們，才想起中午的午餐還沒吃，現在是空腹啊……

§

有天，米蓋爾告訴我們，卡林給了他幾張音樂表演的票，邀請我們一起去參加。讓早就想感受一下墨西哥搖滾的我們覺得很感動，竟然還準備了免費的票！當天晚上心情雀躍地準備出門，我換上花俏的襯衫和涼鞋，H套上最有個性的T恤和牛仔褲，浩浩蕩蕩地出發了。原來墨西哥大學生聽演唱會的地方在劇院，而不是體育館！文化差異真的不一樣，至少我們一開始是這麼想的。

但從剪票人員的燕尾服開始，劇院內充斥華麗宮廷風，聽眾年紀偏高，一直到當手上拿到節目單時，我們才想起給票的卡林不是瘋狂的搖滾樂迷，他可是個古典樂團的小提琴手啊！

當時聆聽的是一場優雅華麗的鋼琴演奏會，天才少年的獨奏表演，吸引當地民眾前往，我們很榮幸成為在場來自最遠國家的聽眾，但H有點不大自在，他一直很怕有人發現他T恤上那兩個不合時宜的英文單字：「PARTY WAVE!」中間還有一個在酗酒的海浪狀人物。

§

待在那裡的每一天，米蓋爾和他那群兄弟們準備了各種活動，音樂會、藝術展、泳池派對和不小心租到連他們自己也看不懂的DVD之夜，喝著米蓋爾媽媽泡的冰茶，討論著這趟旅程結束後和他們大學畢業後的未來，我們好像也回到了學生時代。

離開前他們帶我們去了當地最好玩的夜店，雖然不是什麼華麗的大場面，但能混入當地的大學團體裡，這樣又可以順利交到幾個新的Amigo了。長得像搞笑演員傑克．布萊克的新朋友，被我開玩笑開得有點害羞；而這裡的DJ音樂一下，也讓我們非常意外，想不到水叮噹、瑞奇馬汀和辣妹合唱團的影響力竟然還是深深存在，當好久沒聽到新好男孩的〈GET DOWN〉一出現，我們不只年輕了好幾歲，回到了大學時代，簡直就變成了未成年，回溯到國中時期啦！

旅途小彩蛋 |

嗡！嗡！嗡！

有天下午，文青米蓋爾說要帶我們去一個他想放鬆時會去的地方，雨林划獨木舟！實在是藝術感太強的放鬆地點了，我們用著臂力穿梭過狹小雨林區，滿頭大汗的終於划到了廣闊的河口，用力過後的放鬆的確是滿紓壓的，但是嗡！嗡！嗡！蚊子實在是太多了。

黑人大媽

這可不是普通的大叫，短短三個單字中，充滿了渾然天成的轉音和高低八度落差的技巧，我們停下所有動作看向大媽，卻看見她沮喪地捂著臉……

——H

芝加哥stuffed pizza，比薩還是蛋糕傻傻分不清楚。嗝！

我們正揹著家當，走在晚上十一點的黑人社區裡，霧氣與寂靜令人有點不安。便利商店的鐵門深鎖，六、七個年輕人聚集在門口吞雲吐霧，我們的路過成為明顯的標的。黝黑肌膚襯托出來的白色眼球，一雙雙全集中在我們身上使勁地瞧著，看來不太方便多看兩眼，那是想加速離開，又怕驚動大夥的節奏。

這個場景出現在我們抵達美國芝加哥（Chicago）的第一天，回想起剛剛在市中心問路的情況，民宿的住宿提醒給的站名，在這裡竟有兩個一模一樣的地點。向上班族大叔問路時，他們對於指示上所說「是靠近南方那一站」感到不解，甚至有人警告我們那個區域是不太友善的，連他們自己都不敢單獨前往。看來他們的顧慮非常有根據，因為這裡真的是挺偏僻的。

硬著頭皮，我們終於找到了地址，是間

外觀看起來有點老舊的木屋，沒有門鈴，只好自己打開木頭閘門走到門廊敲門，應門意外的是名中年白人，我們連來歷都還沒講清楚，他就叫我們先到客廳坐著等一下。等待的過程中，一邊戰戰兢兢的觀察四周，住在這裡的人看起來不少，有些人應該是歐洲裔的，不是美國人，這裡果然是我們預訂的住宿地點沒錯。

我們禮貌性地向房客們打了招呼，直到一個沉重的腳步聲從閣樓上走了下來。

「哇哈哈哈哈！你們終於來啦！我還以為你們走丟了哩！」一位圓滾滾的黑人大媽出現在我們面前，用平常在電影裡才聽得到、充滿抑揚頓挫的高亢語調歡迎我們。

大媽開始連珠炮般地迅速介紹起房子裡的設備和其他房客，其實有幾句話我們根本聽不懂，但我們沉浸在她誇張的肢體動作裡猛點頭，最後她指了指天花板，說我們的床位就在樓上。也不知道她在匆忙什麼，大媽就叫我們把這當自己家，然後三、兩下就消失了。

樓梯的狹小超過了我們的驚訝，揹著大包包被卡在樓梯中間的樣子實在非常滑稽可笑，好不容易擠上二樓，是我們兩個台灣俗從未見過的閣樓屋頂，天花板是三角形的那種。經過了看來是大媽自己的混亂雙人床，單薄的木頭隔板後方，出現兩大排的露營氣墊床。沒什麼好抱怨的，最便宜的住宿裡有電視、有空調算是幸運了，何況還附了吃到飽的玉米片和牛奶呢。

就當對目前的住宿環境做好了優秀的心理建設時，我們赫然發現，並排氣墊床中間走道正趴著一個巨大的熟悉身影，原來大媽剛剛是急著趕上來看連續劇啊！

默默整理行李時，突然，大媽發出了一聲慘叫。

「Ooooooooh! My goodness!」

房東和房客一人一張床，這就是所謂的一家親啊！

這可不是普通的大叫，短短三個單字中，充滿了渾然天成的轉音和高低八度落差的技巧，我們停下所有動作看向大媽，卻看見她沮喪地捂著臉。

正當我們疑惑著到底發生了什麼大事，頭一轉，看向電視機，原來是她心愛的影集出現了「下集待續」的字幕。我們憋住了笑聲，用中文低聲地跟對方說著：

「這次住宿實在是太有趣了！」

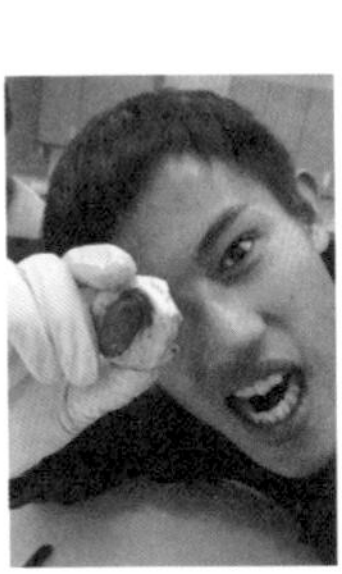

旅途小彩蛋 |

真・牛眼實驗

芝加哥的科博館內有定時的實驗活動，我們很幸運地獲得最後兩個名額，台上工作人員從冰箱裡拿出一顆顆真牛眼時，我們已經嚇傻了，原來不是看實驗，而是真的要做實驗，一人一份牛眼和手術刀，我們便成了小小科學家。

由於沙發主人是搖滾樂團的鼓手，我們也就順理成章地拿到一張親筆簽名的專輯。

沙發上衝浪

有嬉皮客邀請我們，但看起來他的沙發不是用擠一擠就能塞下我們兩個的；虔誠的基督徒老夫妻也邀請了我們，但九點半以後要熄燈和不能晚歸的家庭規定，比我們爸媽還嚴格……

——M

常在報章雜誌裡看到一些旅行高手的分享，用極少的預算就遊遍了大江南北，除了守在電腦前搶廉價機票之外，最重要的就是省住宿了。成為一個「沙發客」是不少人的做法，在沙發衝浪網站填上自己的個性、興趣、嗜好等一大堆資料，選定旅遊地後發出申請，經過其他會員的比對匹配，有機會獲得一個完全免費的住宿。雖然網站名字是叫你去睡其他人的沙發，但也很有可能是一間豪華客房等著你，這樣吸引人的旅遊方式，說真的，抵達美國之前我們一次都沒用過。原因當然不是因為很有錢、想睡旅館；反而是因為完全免費住在一個陌生人家，不好意思打擾別人的想法，才讓我們卻步萬分。

§

「背包客」這三個字聽起來就很「美國」，至少在我們抵達芝加哥之前，都以為廉價的青年旅館將會是我們兩個背包客未來的落腳之處，但各個訂房網站都逛遍了，怎麼查都是相對昂貴的商業旅館，原來青年旅館在美國根本不流行啊！就在此時，沙發衝浪的想法閃過了我的腦中，但對於科技小白痴的我來說，決定請H上網一探究竟。

「這可能是我這輩子填過最複雜的會員資料了！」H也陷入了苦惱。

每個要填寫的問題都沒有制式化的解答，都要像寫作文一樣，發揮自己天花亂墜的表達能力才行。寫得太簡單，沒有人會接受你的申請；寫得太複雜，我想也沒有人能有耐心看完。當然，全程都得用英文表達才行，所以這是一個科技小白痴和英文小白痴得通力合作的一個障礙。

等待了幾天，終於有人願意收留我們了！竟然還不只一個人，發球權瞬間交到了我們手上。還沒住進去，就先看起了其他跟我們聯絡的會員資料，有點像是另類的網路交友，這大概也是沙發衝浪的魅力之一。有嬉皮客邀請我們，但看起來他的沙發不是擠一擠就能塞下我們兩個的；虔誠的基督徒老夫妻也邀請了我們，但九點半以後要熄燈和不能晚歸的家庭規定，比我們爸媽還嚴格；一位美麗小姐的大頭照吸引了我倆的目光，她是一位在家工作的會計師，有一間可愛的客房，而且位置也不錯，但看不到其他沙發客的評價，看來也是第一次使用的新用戶。H開始掃興地說起在新聞上看到沙發客有多少潛在風險，網路上流傳著哪個女孩又被屋主欺負之類的新聞。

「我們的帳號不也是第一次用嗎？壞人去你家比較可怕，還是你去壞人家比較可怕！」我冷眼地點破盲點。

§

在相約的地點，一台小房車向我們按了喇叭，但上面坐的不是大頭照小姐，而是一位男士。我們遲疑了一會，他趕緊下車表明身分：

「我叫哥林，是美樂蒂的男友，她第一次邀請背包客來家裡，有點緊張，我之前有過經驗，所以就被派過來接你們了。」

我們暗自偷笑，因為他說得再婉轉也能聽出來，他們其實也對第一次使用沙發衝浪網的我們有點怕怕的。在車上，哥林跟我們分享了他難忘的沙發客經驗，也正因如此，他強力推薦給女友美樂蒂，要她一定要試試看。

美樂蒂開門迎接我們兩個陌生人的到來，因為大家都是第一次，開場白有點生硬，還好有隻熱情的黃金獵犬在旁邊不斷衝撞，炒熱氣氛，直到「哥林是個搖滾樂團鼓手」這個話題開始，大家的

左：史努比的故鄉St.Paul真的到處都可以看見史努比和朋友們的蹤跡。
右：在公寓裡拜訪藝術家們，就要有隨時被當作model的準備。

頻率終於順利連線。

提供沙發的屋主，不只是當個大方的房東而已，你所形容的景色、介紹的城鎮，將會帶給借宿的沙發客最直接的感受。美樂蒂在下班之餘，抽空帶我們參加城裡的藝術節，在不同的建築內，駐有不同的藝術家。有商務大樓，有一般住家；有水彩素描，有雕塑油畫，沉浸在藝術的氛圍內，就算穿著登山鞋逛藝廊也好有氣質。當然，一起去酒吧看場哥林樂團演唱會這個行程當然不可少。每當觀眾鼓掌叫好時，「台上鼓手是我們認識的朋友」那種小小得意感，油然而生。

作為一名沙發衝浪者，當然也不只是占床位的路人而已，不同國籍的接觸，總能擦起不同的火花，你的言行舉止，禮貌整潔，也會成為不一樣的國民外交。H拿起吉他唱了一首台灣的搖滾樂，有專業鼓手伴奏的情況真令人緊張；我們堅持做一頓晚餐給美樂蒂和哥林一起享用，餐桌上擺放的西式餐具，搭配初次嘗鮮的中式料理，麻辣鍋的吃法讓他們嘖嘖稱奇。

§

告別後，我們彼此在對方的帳號頁面上，留下第一筆感謝的評語。很幸運的，我們的沙發客初體驗有了如此美好的回憶，很慶幸當初提出了申請，也很高興獲得他們的邀請。

沙發客令人著迷的地方也就在於此，不少人是從為了節省旅費開始，卻因為得到陌生人真誠的信任，而欲罷不能。

旅途小彩蛋 |

NBA體驗

在H的強烈要求下，我們買下NBA明尼蘇達灰狼隊主場的門票，相較於當時有林書豪的火箭隊也剛好到台灣打熱身賽，以那動輒好幾千塊的票價來看，這裡不到台幣五百塊的門票真是划算極了，買件愛神球衣當個小球迷吧！

大學城的鄰居姊妹花

萬聖節派對當天，原本想約姊姊一起來個應景的趣味變裝，但我們太害怕她還在氣頭上而作罷。畢竟昨天也還是氣呼呼的妹妹來還腳踏車時，很淘氣的把整台車「還」到了姊姊的床上……

——M

滿山坡的南瓜燈高調提醒你：不給糖，就搗蛋！

我們剛抵達麥迪遜大學前的巴士廣場，司機大哥對於我們的行囊重量做出誇張的搞笑表情。一道黑影從面前飛過，嚇了我們一跳，原來大學生們正隔著大街玩起美式足球傳接球，人手一杯啤酒的他們看起來十分亢奮，清一色穿著球隊制服像是在慶祝比賽的勝利。相較於這青春的景象，我們正在處理包包裡那瓶差點打翻的醬油，手忙腳亂的，「熱鬧」的程度大概也不遑多讓。

遠方傳來熟悉的聲音，直呼我的中文全名，一個箭步向前擁抱，我們造訪大學城的小天使出現了！兩位美麗的混血姊妹，是我小時候的隔壁鄰居，當時年紀差不多的小朋友自然而然地就玩成一片，一起去逗弄鄰居家的大狗，一起去長滿雜草的工地河邊玩森林探險，直到他們離開台灣，到了美國讀書之後，有好一陣子沒見面了。

茱莉亞是姊姊，雖然年紀比我們小，但習慣當姊姊照顧人的性格，從言行舉止上一覽無遺。從小對各種大小動物都非常感興趣的她，現在竟然已經是學校裡研究昆蟲的專業助教了，對於為了升學而忘了為何所學的兩位「傳統」台灣人來說，一句瀟灑的「不喜歡的東西怎麼讀得下去？」輕輕敲了一下我們僵化的腦袋。

妹妹瑟菲亞的個性就完全不同了，一舉一動大剌剌的，非常適合當個被姊姊追著跑的妹妹。雖然我們是和茱莉亞住，但也常常會跑到妹妹的分租公寓裡串串門子；落單的襪子和T恤占領了走道，左塞右擠的挪出空間後，笑咪咪地歡迎我們打擾，又突然從角落搬出新買的斑鳩琴賣弄一下，她大概就是這種可愛的個性了，目前不只是個專業的景觀設計師，還在小有名氣的搖滾樂團裡擔任中提琴手呢！

個性迥異的姊妹花，雖然成年後大部分的時間都待在美國，但大概小時候在台灣看的本土劇內容還沒忘，三不五時就會在我們面前上演超戲劇化的鬥嘴橋段。萬聖節派對前兩天的晚上，她們就為了餐廳裡服務員的小費問題，在馬路邊對罵著，重點是這原本是一場以兩姊妹為主的聚餐，大家開開心心地談天說地；現在外面還沒下雪，但氣氛早就已經凝結，姊妹倆各自的朋友拉著她們，只怕再罵難聽一點，雙方就要飛踢過去了。我們成為最尷尬的中間人，沒有特別傾向哪一邊，兩邊的友好程度都是一樣的啊！

搖到美國瞧

左：一槍擊墜肥鵝的H。
右上：讓姊妹們懷念的麻辣鍋晚餐。右下：毫無邏輯的萬聖節打扮大合照。

一個不留神，姊姊已經轉頭消失在街口，剩下了妹妹一方和我們兩個，她的男友羅瑞盡全力地講笑話哄她，但H很了解，笑話用在氣頭上的少女身上是起不了作用的。經過了幾個白眼後，我們進了一間酒吧喝了幾杯，續攤行程變成陪妹妹借酒澆愁。

啊！妹妹晚點還要送我們回姊姊家睡覺呢……

§

萬聖節派對當天，原本想約姊姊一起來個應景的趣味變裝，但我們太害怕她還在氣頭上而作罷。畢竟昨天也還氣呼呼的妹妹來還腳踏車時，很淘氣地把整台車「還」到了姊姊的床上，雖然很壞，但不得不承認這是一個很有創意的報復手段。

門鈴響起，妹妹來接我們去她的公寓為

派對做準備，姊姊當然也在家，兩人卻像最熟悉的陌生人一樣，故意視而不見對方。離開前妹妹還是忍不住，冷冷地問了姊姊什麼時候過來跟大家集合，姊姊也酷酷地回說晚點到。也好，至少是破冰的開始，畢竟吵架那天聚餐的重點，就是相約一起party的啊！

記得在台灣，每次看到美國萬聖節的新聞畫面，都令人驚奇地難以置信，簡直就是巨型的角色扮演派對節，不論男女老少都用盡全力做出最吸睛的打扮。一般的社區都是如此，何況我們正處在一個充滿青春洋溢的大學城裡呢？

封住整條主街是必要的，派對比交通重要太多了；出動大批警力當然也是必要的，因為數以千計喝醉酒的大學生，不必開車就已經危險性十足。

妹妹和羅瑞決定扮成鸚鵡與海盜，一隻華麗的鸚鵡和一個普通的海盜，羅瑞才不在意，因為邊喝著用來裝飾的威士忌烈酒，邊欣賞穿著鮮豔羽毛裝的可愛女友在面前蹦蹦跳跳，這是一種男人的浪漫。姊姊就有點偷懶，學術論文都快要趕不出來了，哪來的時間想裝扮？披件床單挖個洞，黏上兩個保麗龍的假眼睛，就成為了美國人的童年動畫人物「ㄆㄧˇㄚ ㄆㄧˇㄚ」，重點這還是去年做的。由於我們不是美國人，不懂「ㄆㄧˇㄚ ㄆㄧˇㄚ」到底有多紅；但當大夥一群人走在路上的時候，所有人都在找姊姊拍照啊！

相較之下，第一次參加這種盛大派對的我們，就略顯經驗不足，原本以為準備兩個面具意思意思就差不多了，但看到大家如此卯足全力裝扮後，趕緊加工抱佛腳。美工小天才H用紙箱割出了槍和槍帶給我揹上，套上了牛仔帽，戴上了面具，我們就順利成為了……

一隻西部猴子警長和一匹馬?!

好啦，我們也不知道這是什麼東西，還好強壯的H想到把我一路扛在肩膀上的策略，滑稽的樣子，真的像是一隻猴子警長正在騎一匹馬，莫名其妙地也吸引到一些目光。

幾杯黃湯下肚後，大家話都多了起來，姊妹倆好像根本不記得下午還在吵架似地開心聊天，姊姊還幫妹妹整理打結的鸚鵡翅膀。羅瑞向我們使個眼神，笑笑地說她們每次都是這樣。小舞台輪到妹妹的樂團表演，姊姊撇開了所有的朋友，忙著為台上那位發光的中提琴手認真拍照。

其實我們一點也沒有擔心過姊妹倆的感情，因為就算她們一直向我們抱怨對方有多煩、多無理取鬧，打開電腦，妹妹的臉書相簿裡，最多的還是跟姊姊笑得超開的親密合照；我們每次跟姊姊一同出遊時，車上不斷重複播放的，也還是那張妹妹樂團錄製的歌曲專輯。

旅途小彩蛋 ｜

特戰退伍

瑟菲亞男友羅瑞有天興起要約大家一起去打獵，在霧氣中大家躡手躡腳地前進，砰！羅瑞開了一槍，但獵物機警地跑掉了，槍交給了茱莉亞男友史蒂芬，砰！還是讓牠們跑掉了，大家正想著敗興而歸時，羅瑞把槍繳給了H讓他試試，砰！一隻大肥鵝墜落，「開玩笑林北特戰隊退伍耶！哈哈。」H得意地說。

旅程，繼續

有了好友們的同行，時間過得更快，但害怕回家的憂鬱少多了。聊著我們這一年錯過的八卦，討論著大家接下來的未來，天外飛來一個恍然大悟……

——H

學生餐廳的套餐就是那麼價格親民又有飽足感的溫暖人心吶。

這輩子可能只會去一次的地方，我們都排入了原先設定的環球路線；而離台灣很近的日本，當然完全不在選項之中，那裡物價高，能去的機會多，誘惑不少但現在口袋空空。不過嘴巴說著不願意，身體倒是挺誠實的，一通電話還是打去航空公司，修改了從美國直接回台灣的機票，我們找出了更多更多的藉口，做為非改變行程不可的理由，只是心裡明白，我們有點想家，但又有點開始害怕回家了。

在機場前往東京市區的巴士上，我嚷嚷著日本沒有以前繁華了，比對的是被我無限放大、環球旅行前唯一一次出國的回憶。走出換乘的地鐵站，M的大學學姊已經在門口等著我們，熱情地揮著手，幫我們接下好幾包行李。明明就是被我們打擾，還頻頻說著自己家空間小、要我們見諒之類的話，這種親切熟悉的對話，讓人有種真的離家好近的感覺。

學姊和她老公搬出好多台灣零食讓我們解解饞，我們只能用旅程裡一段段有趣的故事作為回報。越是回憶起來，越是想到即將結抵達終點，已經開始有點懷念這段旅行了，好想再多回憶一點點，但橫跨半個地球回到亞洲的我們，才晚上九點半，眼皮已經被時差壓得睜不開了。

出發前常常聽到有人說，長時間旅行的疲乏感，會有一段感覺無味的厭倦期，很幸運的，就連在最後一站日本，每次出門前，我們還是只有心跳加快的興奮感，學姊也像媽媽一樣提醒著出去玩要小心、遇到什麼問題儘管打回家之類的叮嚀。

環球之旅繼續上路，跟之前不一樣的是，這次我們多了兩位一起行動的老夥伴，**M**的國中同學寧寧和我的大學同學蘇文。幾個月前在網路發起的「環球旅行最終戰」小群組中，我們想邀請的兩個頭號目標竟然很快就答應了，爽快的程度讓人有點難以置信。他們開玩笑地說，跟我們即將完成環球旅行的行為比起來，難以置信的程度，剛好而已，這種請假幾天出國玩的小事，就別再多提了。

我們約在東京中央車站見面，那裡不是一個沒有手機連絡就能相約見面的好地點，就像約在處處相似、內部空間又很大的台北車站一樣，我們等了對方兩個小時才找到彼此，東奔西找的，就只差沒有找站務人員廣播了。

§

搖到日本瞧

左：貨店推出的免費烤魚試吃活動，いただきます。
右：住在空間不大的日式公寓裡，其實滿日劇的。

寧寧代表著常見的台灣上班族女孩類型，抱怨公司卻又離不開它，期待下班後到哪家新開的餐廳享受小確幸；一有時間，約幾個好姊妹把日本當作後花園一樣的跑，好讓一成不變的生活透透氣。不意外的，她來日本的次數是我們其他人的好幾倍，當我們正很土的為先進的新幹線車廂感到驚豔時，她一不小心就會露出一種「喔，對啊，它們就是長那樣」的平淡眼神。還好我們這一年的旅行經驗，總是有點方法能讓她的瞳孔中閃出一些激情的火花。

「這次就不住旅館了吧！」M說。上網找了間市區外的日租套房，依照房東傳到手機裡圖文並茂的指示，順利找到鑰匙就藏在屋外變電箱內的住宿地點。

住在社區小套房的我們，每天出門都假裝自己就是當地人。肚子餓了，餐廳價格用千用萬計算的晚餐有點吃不消，半哄半騙地把寧寧帶進八點後的超級市場，有感特價的各式生魚片，明明擺在花車上卻還是很精緻的超市便當，放慢腳步不用趕行程的日本之旅，其實也很有一番風味。

蘇文和寧寧狀況就完全不同，身為一個有三位年紀差距很多的姊姊、對於爸媽好不容易生出來的獨子來說，感覺得到他極力想擺脫被冠上的傳統保守大帽子；但龜毛的性格是隱藏在血液當中的。記得大學每次想出了什麼異想天開的想法，想找蘇文一起行動時，回應總是那樣子：「我覺得這想法真的很酷耶！但你知道我要回家陪我爸媽……」所以對於他這次果斷答應邀約時，我有一種莫名的感動；但當他耳提面命要我們經過藥妝店等他一下時，大家還是忍不住笑出來了。

「第一次來日本，嬸婆有交代，不買回去交不了差啊！」才十分鐘的時間，蘇文已經花了一、兩萬塊台幣，搬出好多綜合維他命。

有了好友們的同行，時間過得更快，但害怕回家的憂鬱少多了。聊著我們這一年錯過的八卦，討論著大家接下來的未來，天外飛來一個恍然大悟：

原來之後的每一步，其實都是旅程的繼續，回家只是另一個故事的開始。

當然，這樣安慰自己效果有限，所以有天晚上，我們兩個很任性地做了一個決定：

那就五十歲的時候再出發一次吧！

旅途小彩蛋 ｜

再見阿優米

在蘇文和寧寧抵達日本之前，我們跟在復活島認識的阿優米見面了，她成功實現了一個我的小小願望，那就是亂入日本高校生的文化祭！雖然沒有像日劇演得那麼戲劇誇張，但看到一些像是釣水球的遊戲攤位和穿和服的高中女孩，也算是此生無憾了。

最後．開始

旅程中看到了各式各樣的生活方式，聽到了各式各樣的旅人故事，下一步到底該怎麼做？你永遠也得不到唯一的正確解答，但我們得到了一點小小的提示，那提示就叫做「選擇」。

——M

記得離開美國那天，坐著老舊的美國航空飛越了太平洋，抵達最後一站日本，不知道是時差的緣故還是旅程接近尾聲的憂鬱，我們領完行李辦理入關手續的過程中有點沉默，看著東京機場內充滿各式各樣的大幅漢字廣告，周遭熙來攘往

結束環球旅程的景子和男友特別來接待我們，用日本上班族最愛的串燒和啤酒慶祝環球最終站。

的旅客變成了熟悉的東方臉孔，離家的距離就只剩下這幾個禮拜了。雖然有點想家，但當下的空氣卻讓我們兩個感到莫名緊張。

「來！來！來！拿好行李的帥哥美女快點過來排隊。」一句充滿學校旁早餐店阿姨口吻的台灣國語大喊，劃破了快要凝結的空氣，回過神來，我們正擋在一群來自台灣的婆婆媽媽旅行團集合點的正中間。我們兩個互看著一秒，尷尬地傻笑著。

「欸，真的要到終點咧……」H突然帶著一點傷感地說道。

「提起精神來！我們的日本之旅不是今天才開始嗎？」我硬擠出笑容的一句話，說出來時雖然有點僵硬，卻成功地改變了當下的氣氛。

在環球旅行出發前，我們總是抱怨著煩悶的上班時間怎麼還不快快過去，最好趕緊快轉到銀行帳本上數字達標的那一天；但一眨眼的時間，我們發現好像有點快轉過頭，一切的回憶，都變成了昨天。

一趟旅行花光了我們的積蓄，工作資歷也被拉開了一大截，朋友開起賓士車，聊起股市起落，甚至買下了人生的第一個不動產，聚會中的「你們好厲害！真羨慕你們。」成為了這段旅程最後的漣漪。

環遊世界好像沒有我們出發前想像的那樣偉大，是這樣的嗎？

§

mister
Treasure Factory Style
Treasure Factory Style
スケジュールン
¥1000

其實在我們出發不久就得到了答案，而且是肯定的，在各個國家的青年旅館交誼廳裡，你隨時可能發現正在環球旅行的旅人，但我們相信這段旅程的最後漣漪，絕對不只是漣漪而已，因為我們漸漸看到了一點小水花。

有朋友終於鼓起勇氣離開陳舊保守的公司，朝自己的目標前進；有朋友開始了單車環歐旅行，不再猶豫不決；更有朋友決定也要踏上環球旅程，真正地去見見這個世界。「謝謝你們給我的勇氣。」從一個講話大剌剌的朋友口中聽到這句話，真是令人興奮得感到雞皮疙瘩。

旅程中看到了各式各樣的生活方式，聽到了各式各樣的旅人故事，下一步到底該怎麼做？你永遠也得不到唯一的正確解答，但我們得到了一點小小的提示，那提示就叫做「選擇」。

你可以選擇保守穩當的生活，當作你要的答案；也可以選擇未知冒險的挑戰，將它奉為真理；但你必須知道一件事：很多人口中的不可能或不切實際，那都只是最簡單逃避嘗試的一個藉口而已。如果你剛好也想環遊世界，我們絕對有立場跟你說，做起來真的比想像中的簡單多了；而如果你有更多的考量，讓你躊躇不前的話，我們雖然幫不上忙，但卻能告訴你一件我們親身體驗的事：

你跟時間過不去，時間就會像鬧彆扭一樣說走就走，永不回頭。

右：旅程即將結束，陪我們走過二十一個國家的家當們。

搖滾吧！環遊世界

作　者　Hance & Mengo（陳軍昊&洪惠之）
編　輯　邱昌昊
美術設計　劉錦堂、侯心苹
校　對　黃馨慧、鄭婷尹、鄭子琳

發行人　程顯灝
總編輯　呂增娣
主　編　李瓊絲
編　輯　鄭婷尹、邱昌昊
　　　　黃馨慧、江志峰
編輯助理　鄭子琳
美術主編　吳怡嫻
資深美編　劉錦堂
美　編　侯心苹
行銷總監　呂增慧
資深行銷　謝儀方
行銷企劃　李承恩、程佳英

發行部　侯莉莉
財務部　許麗娟、陳美齡
印　務　許丁財

出版者　四塊玉文創有限公司

總代理　三友圖書有限公司
地　址　106台北市安和路2段213號4樓
電　話　(02) 2377-4155
傳　真　(02) 2377-4355
E-mail　service@sanyau.com.tw
郵政劃撥　05844889 三友圖書有限公司

總經銷　大和書報圖書股份有限公司
地　址　新北市新莊區五工五路2號
電　話　(02) 8990-2588
傳　真　(02) 2299-7900

製版印刷　皇城廣告印刷事業股份有限公司

初　版　2016年 09月
定　價　新台幣320元
ISBN　978-986-5661-88-5(平裝)

SANYAU
http://www.ju-zi.com.tw
三友圖書
友直 友諒 友多聞

國家圖書館出版品預行編目(CIP)資料

搖滾吧!環遊世界 / Hance, Mengo作. -- 初版. --
臺北市：四塊玉文創, 2016.09
　面；　公分
ISBN 978-986-5661-88-5(平裝)

1.遊記 2.世界地理

719　　105015935

發現　台灣城市新面貌

宜蘭，美好小旅行：

口袋美食╳私房景點╳風格住宿

江明麗 著／高建芳 攝影

定價 320元

宜蘭，需要你一步步用心認識。承載歲月風華的老屋，美味且價格實在的小吃，文青最愛的藝文咖啡館，風格多樣的民宿，老少咸宜的觀光工廠、農場……62處宜蘭人眼中、外地人嘴裡不可錯過的美好！

台南美好小旅行：

老城市。新靈魂。慢時光

凌予 著／定價 320元

台南，一個新舊交織的城市。見證歲月的歷史古蹟，藏身巷弄的新興商店，翻玩創意的風格民宿，姿態優雅的靜謐咖啡館，女孩最愛的夢幻點心……59處有故事的景點，滿溢的溫暖人情味，給你最不一樣的台南新風景。

台東・風和日麗：

逛市集╳訪老屋╳賞文創╳玩手作

廖秀靜 著／定價 280元

探訪老屋改造的民宿、咖啡館，體驗最夯的手作雜貨鋪、最潮的文創設計店，品嘗異國風味與在地料理，夜宿特色迥異的風格民宿，55處在地人推薦的私房點，帶你賞星望月、踏青漫步、學創作、當文青，一步一腳印，認識台東好風情！

花蓮美好小旅行：

巷弄小吃╳故事建築╳天然美景

江明麗 著／定價 320元

在老宅裡回味記憶時光，置身山海邊一睹遼闊美景，大啖巷弄古早味美食，品味藝文咖啡館與異國料理不同的飲食文化，入住風格獨具的旅店……60個必訪景點。花蓮絕對是值得你探訪的城市，一個得天獨厚的好地方。

嘉義美好小旅行：

吮指小吃╳懷舊建築╳人文風情

江明麗 著／何忠誠、高建芳 攝影

定價 350元

老屋改造的風格餐廳，隱身巷弄的文創小店，在地人才知道的私房景點、美味小吃，還要帶你入住風格民宿，體驗在地人文風情。除了神木和雞肉飯，嘉義比你想的更好玩。快背起行囊，來去嘉義吃美食，品好茶，住民宿！

台中・城市輕旅行：

文創╳美食╳品味一網打盡

林麗娟 著／陳招宗 攝影

定價 340元

太陽餅、逢甲夜市、一中街、新社花海之外，台中還有更多好玩、好吃、好看的！舊建築裡的文創魂，景觀迷人的浪漫所在，咖啡職人的本土咖啡，喝茶也可以很新潮，多姿多采的台中和你想的不一樣！

廣 告 回 函
台北郵局登記證
台北廣字第2780號

地址： 縣/市 鄉/鎮/市/區 路/街

段 巷 弄 號 樓

SANYAU

三友圖書有限公司 收

SANYAU PUBLISHING CO., LTD.

106 台北市安和路2段213號4樓

SANYAU
三友圖書
讀書俱樂部

購買《搖滾吧！環遊世界》的讀者有福啦，只要詳細填寫背面問券，並寄回三友圖書，即有機會獲得Umade公司獨家贊助好禮

UMap世界地圖
市價1780元(共乙名)
抽獎贈品無客製文字之服務

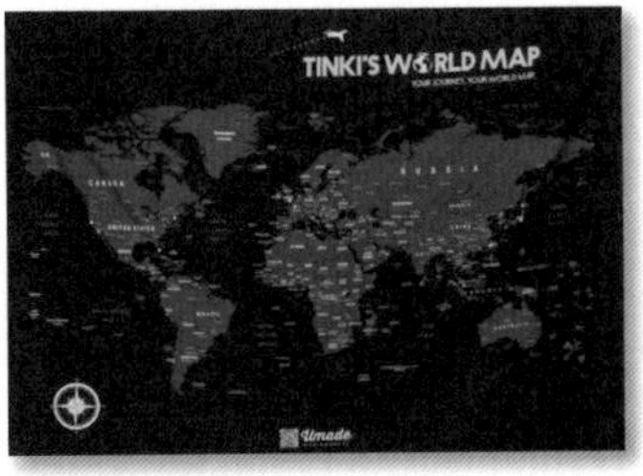

活動期限至2016年11月15日止，詳情請見回函內容。 本回函影印無效

四塊玉文創╳橘子文化╳食為天文創╳旗林文化
http://www.ju-zi.com.tw
https://www.facebook.com/comehomelife

【黏貼處】對折後寄回，謝謝。

親愛的讀者：
感謝您購買《搖滾吧！環遊世界》一書，為回饋您對本書的支持與愛護，只要填妥本回函，並於 2016 年 11 月 15 日前寄回本社（以郵戳為憑），即有機會參加抽獎活動，得到「UMap 世界地圖」（共乙名）。

姓名＿＿＿＿＿＿＿＿ 出生年月日＿＿＿＿＿＿＿＿
電話＿＿＿＿＿＿＿＿ E-mail＿＿＿＿＿＿＿＿
通訊地址＿＿＿＿＿＿＿＿
臉書帳號＿＿＿＿＿＿＿＿
部落格名稱＿＿＿＿＿＿＿＿

1 年齡
□ 18 歲以下 □ 19 歲～ 25 歲 □ 26 歲～ 35 歲 □ 36 歲～ 45 歲 □ 46 歲～ 55 歲
□ 56 歲～ 65 歲 □ 66 歲～ 75 歲 □ 76 歲～ 85 歲 □ 86 歲以上

2 職業
□軍公教 □工 □商 □自由業 □服務業 □農林漁牧業 □家管 □學生
□其他＿＿＿＿＿＿＿＿

3 您從何處購得本書？
□博客來 □金石堂網書 □讀冊 □誠品網書 □其他＿＿＿＿＿＿＿＿
□實體書店＿＿＿＿＿＿＿＿

4 您從何處得知本書？
□博客來 □金石堂網書 □讀冊 □誠品網書 □其他＿＿＿＿＿＿＿＿
□實體書店＿＿＿＿＿＿＿＿ □ FB（微胖男女粉絲團 - 三友圖書）
□三友圖書電子報 □好好刊（季刊） □朋友推薦 □廣播媒體

5 您購買本書的因素有哪些？（可複選）
□作者 □內容 □圖片 □版面編排 □其他＿＿＿＿＿＿＿＿

6 您覺得本書的封面設計如何？
□非常滿意 □滿意 □普通 □很差 □其他＿＿＿＿＿＿＿＿

7 非常感謝您購買此書，您還對哪些主題有興趣？（可複選）
□中西食譜 □點心烘焙 □飲品類 □旅遊 □養生保健 □瘦身美妝 □手作 □寵物
□商業理財 □心靈療癒 □小說 □其他＿＿＿＿＿＿＿＿

8 您每個月的購書預算為多少金額？
□ 1,000 元以下 □ 1,001 ～ 2,000 元 □ 2,001 ～ 3,000 元 □ 3,001 ～ 4,000 元
□ 4,001 ～ 5,000 元 □ 5,001 元以上

9 若出版的書籍搭配贈品活動，您比較喜歡哪一類型的贈品？（可選 2 種）
□食品調味類 □鍋具類 □家電用品類 □書籍類 □生活用品類 □ DIY 手作類
□交通票券類 □展演活動票券類 □其他＿＿＿＿＿＿＿＿

10 您認為本書尚需改進之處？以及對我們的意見？
＿＿＿＿＿＿＿＿

感謝您的填寫，
您寶貴的建議是我們進步的動力！

本回函得獎名單公布相關資訊
得獎名單抽出日期：2016年12月5日
得獎名單公布於：
臉書「微胖男女編輯社-三友圖書」：https://www.facebook.com/comehomelife/
痞客邦「微胖男女編輯社-三友圖書」：http://sanyau888.pixnet.net/blog

【黏貼處】對折後寄回，謝謝。